Pocket Languages

MW01282307

Polish Pocket Puzzles

The Basics
Volume 1

Compiled by Erik Zidowecki

Note: In some cases , the common word for something may be used instead of the formal word, so as to help provide you with a more natural vocabulary.

For more language learning materials, visit
http://www.scriveremo.com

Part of the Pocket Languages series.
Published by Scriveremo Publishing, a division of Parleremo Languages.

ISBN-13: 978-1533002730
ISBN-10: 1533002738

This book has activities in 8 themes of vocabulary:

Animals	**Days, Months, Seasons**
Around the House	**Family**
Clothing	**Numbers**
Colours	**Parts of the Body**

Contents

Welcome to the
Word Search section!

Find all the Polish words in the puzzles.

Words may be in any direction vertically, horizontally and diagonally.

Parts of speech are given in [].

m = masculine noun	mp = masculine plural
f = feminine noun	fp = feminine plural
n = neuter noun	np = neuter plural
adj = adjective	adv = adverb
num = number	v = verb

Word Search #1 - Animals

```
j  t  g  o  r  y  l  p  r  p  t  o  k  ń  ż  l  ń
p  c  d  ą  ł  b  l  e  i  w  b  h  k  k  i  ó  b
m  r  ó  w  n  i  k  s  j  z  k  i  i  w  a  ń  ź
ę  p  l  f  t  c  h  ż  r  ń  l  n  k  l  i  h  p
g  j  c  i  l  p  i  w  ź  ó  r  w  e  r  ś  i  c
c  r  g  i  a  a  e  ś  r  e  ź  w  ń  a  e  a  ę
ł  ą  ś  n  y  e  n  k  c  b  l  ż  a  s  z  ę  ż
h  i  d  g  h  w  a  n  ń  i  a  u  ó  f  ó  o  ż
t  ą  z  d  a  a  y  ż  n  m  d  l  ł  z  b  k
h  ź  e  ó  r  p  r  b  ó  b  a  m  ó  ł  w  s  w
```

Polish	English
królik *[m]*	rabbit
wielbłąd *[m]*	camel
kot *[m]*	cat
panda *[f]*	panda
pies *[m]*	dog
lama *[f]*	llama
bóbr *[m]*	beaver
koza *[f]*	goat
lew *[m]*	lion
żółw *[m]*	tortoise
hiena *[f]*	hyena
mrównik *[m]*	aardvark
pancernik *[m]*	armadillo
goryl *[m]*	gorilla

Word Search #2 - Animals

n	s	a	m	r	ó	w	k	o	j	a	d	u	w	ę	p	j
k	g	h	h	ś	k	d	o	z	ł	ż	g	b	l	k	r	e
i	ó	d	y	c	s	g	p	ś	n	n	ó	b	z	ę	ę	ż
n	s	r	y	j	u	c	y	ę	l	ż	ł	ł	ś	y	g	o
r	m	a	s	d	a	p	z	ę	y	ż	ł	r	w	ń	o	z
e	c	p	c	u	u	r	o	r	p	a	y	m	i	l	w	w
c	k	e	y	k	e	r	a	r	c	b	y	g	n	ł	i	i
n	o	g	k	i	ż	f	ś	c	m	a	i	n	i	r	e	e
a	z	b	w	i	a	a	e	y	i	d	k	ę	a	ż	c	r
p	a	z	ą	r	n	j	h	y	r	r	r	g	ł	h	d	z

Polish	English
ryś rudy *[m]*	bobcat
żółw *[m]*	tortoise
pancernik *[m]*	armadillo
ryś *[m]*	lynx
mrówkojad *[m]*	anteater
jeżozwierz *[m]*	porcupine
pręgowiec *[m]*	chipmunk
żaba *[f]*	frog
ropucha *[f]*	toad
żyrafa *[f]*	giraffe
koza *[f]*	goat
świnia *[f]*	pig
gepard *[m]*	cheetah
zwierzę *[n]*	animal

Word Search #3 - Animals

```
h  a  f  r  ź  d  e  i  w  ź  d  e  i  n  ń  g  d
ń  b  z  b  ó  ń  g  ą  ę  i  n  g  a  j  ń  g  ą
t  k  e  ó  l  a  r  b  e  z  p  a  n  d  a  j  ł
y  ź  c  b  k  i  l  ó  r  k  z  u  g  ż  n  ł  b
h  u  ś  n  u  ą  r  g  k  t  ź  r  s  h  c  a  l
m  ę  w  i  l  k  a  ń  j  ż  r  g  d  j  ź  w  e
ą  o  c  o  h  z  e  b  ż  p  a  p  ł  a  m  ą  i
t  ą  s  ó  e  l  f  ń  t  a  n  e  i  h  ń  w  w
t  w  t  l  e  ś  k  u  s  r  o  b  i  ź  o  m  m
p  e  a  j  l  k  u  l  a  m  a  ę  s  k  w  p  c
```

Polish	English
panda *[f]*	panda
gazela *[f]*	gazelle
wilk *[m]*	wolf
lama *[f]*	llama
zebra *[f]*	zebra
niedźwiedź *[m]*	bear
hiena *[f]*	hyena
wielbłąd *[m]*	camel
królik *[m]*	rabbit
jeleń *[m]*	deer
małpa *[f]*	monkey
bóbr *[m]*	beaver
jagnię *[n]*	lamb
borsuk *[m]*	badger

5

Word Search #4 - Animals

```
ń  r  c  p  r  ę  g  o  w  i  e  c  j  f  l  p  w
k  m  r  ó  w  n  i  k  ł  s  ł  o  ń  j  b  c  j
z  r  e  i  w  z  o  ż  e  j  o  m  y  s  z  j  m
d  ż  ó  c  h  p  r  r  p  r  ż  ż  z  k  o  a  r
z  z  ą  l  m  k  y  a  h  u  y  b  z  m  ł  g  ą
m  d  u  m  i  d  n  c  ą  g  r  b  i  p  ź  u  z
w  l  y  d  o  k  o  r  k  n  a  d  a  w  o  r  k
t  a  i  n  i  w  ś  a  i  a  f  ł  a  n  w  g  s
b  o  r  s  u  k  ś  g  ż  k  a  j  d  ń  d  ń  ń
o  f  r  ń  j  ń  p  w  r  y  ś  r  u  d  y  b  z
```

Polish	English
mysz *[f]*	mouse
małpa *[f]*	monkey
słoń *[m]*	elephant
kangur *[m]*	kangaroo
borsuk *[m]*	badger
jeżozwierz *[m]*	porcupine
krokodyl *[m]*	crocodile
mrównik *[m]*	aardvark
żyrafa *[f]*	giraffe
królik *[m]*	rabbit
ryś rudy *[m]*	bobcat
krowa *[f]*	cow
pręgowiec *[m]*	chipmunk
świnia *[f]*	pig

Word Search #5 - Animals

j	c	r	ń	ł	i	ł	ź	a	m	l	a	h	a	c	w	o
e	a	y	ę	o	r	c	l	u	g	d	ź	ą	j	l	ę	o
ż	p	ś	p	a	o	e	ń	ą	n	a	n	l	t	f	ń	ź
o	ł	r	d	ó	z	ż	ó	a	z	r	y	a	ę	g	i	ź
z	a	u	j	a	ż	o	p	f	ź	r	n	r	w	r	l	y
w	m	d	g	d	ę	r	r	y	o	k	f	l	a	e	c	ó
i	ł	y	ń	m	c	o	j	g	k	d	i	j	ż	ę	l	o
e	h	t	u	ż	h	s	r	w	m	k	u	g	u	a	r	w
r	u	ł	i	ę	ź	o	a	j	a	g	n	i	ę	ś	b	d
z	t	c	m	f	m	n	i	y	u	k	a	n	g	u	r	a

Polish	English
muł *[m]*	mule
owca *[f]*	sheep
kuguar *[m]*	cougar
panda *[f]*	panda
lew *[m]*	lion
goryl *[m]*	gorilla
nosorożec *[m]*	rhinoceros
kangur *[m]*	kangaroo
gazela *[f]*	gazelle
jagnię *[n]*	lamb
jeżozwierz *[m]*	porcupine
małpa *[f]*	monkey
żaba *[f]*	frog
ryś rudy *[m]*	bobcat

Word Search #6 - Around the House

ó	w	l	ł	ó	z	d	o	m	r	a	z	k	ś	ż	ó	n
k	a	b	i	a	ą	k	a	ż	k	r	e	r	s	o	a	m
g	b	m	r	c	u	ż	b	l	f	z	ó	n	z	b	n	j
i	r	b	c	r	p	e	e	r	s	w	e	ą	c	g	n	d
i	o	h	e	c	u	t	o	i	i	d	n	t	z	w	a	i
ł	t	k	l	n	u	s	l	p	e	t	l	f	z	f	w	m
i	k	ł	e	b	i	e	ś	r	g	f	i	n	ó	e	h	p
n	r	j	d	u	i	a	k	n	a	l	k	z	s	w	d	r
y	p	w	i	k	i	c	e	i	m	ś	a	n	z	s	o	k
m	z	b	w	p	n	a	n	o	ł	s	a	z	i	b	w	b

Polish	English
dom *[m]*	house
kurek *[m]*	tap
kosz na śmieci *[m]*	rubbish can
śpiwór *[m]*	sleeping bag
kredens *[m]*	dresser
wanna *[f]*	bath (tub)
obraz *[m]*	image
zasłona *[f]*	curtain
widelec *[m]*	fork
kieliszek *[f]*	drinking glass
torba *[f]*	bag
butelka *[f]*	bottle
nóż *[m]*	knife
szklanka *[f]*	glass

Word Search #7 - Around the House

ś	o	b	i	b	l	i	o	t	e	c	z	k	a	ś	ż	z
d	b	ł	l	a	t	a	r	k	a	w	z	e	ś	p	k	z
ś	r	t	l	s	r	o	z	i	w	e	l	e	t	ó	m	z
b	a	o	k	ł	e	d	u	p	ż	j	y	k	p	ł	e	t
f	z	l	c	f	o	m	s	k	o	c	i	o	ł	k	b	a
p	ż	o	d	k	u	r	z	a	c	z	m	w	o	a	l	l
u	ł	r	c	i	n	z	s	y	r	p	m	g	ł	t	e	e
w	k	l	a	t	k	a	s	c	h	o	d	o	w	a	e	r
d	a	n	i	e	r	k	y	y	ą	b	k	ł	ą	z	a	z
ś	c	c	ż	ś	ą	u	h	a	p	m	a	l	i	ł	i	m

Polish	English
prysznic *[m]*	shower
meble *[fp]*	furniture
danie *[m]*	dish
biblioteczka *[f]*	bookcase
półka *[f]*	shelf
telewizor *[m]*	television
klatka schodowa *[m]*	staircase
odkurzacz *[m]*	hoover
lampa *[f]*	lamp
pudełko *[n]*	box
latarka *[f]*	torch
talerz *[m]*	plate
kocioł *[m]*	pot
obraz *[n]*	painting

Word Search #8 - Around the House

```
f  p  o  r  t  m  o  n  e  t  k  a  g  i  p  p  s
h  a  k  ż  y  ł  p  y  n  b  g  ś  g  l  ó  i  r
n  r  z  a  m  r  a  ż  a  r  k  a  d  o  w  ó  t
o  t  n  n  ó  t  p  r  z  e  ł  ą  c  z  n  i  k
f  o  b  r  a  z  t  o  a  l  e  t  a  c  l  u  ł
e  s  l  o  ł  d  a  r  e  i  c  ś  e  z  r  p  n
l  t  t  e  l  e  w  i  z  o  r  ó  t  r  u  z  h
e  e  c  z  m  y  w  a  r  k  a  c  y  s  k  l  n
t  r  l  ą  k  e  r  u  k  a  ą  w  b  c  m  h  n
i  o  k  ż  ó  ł  k  ł  o  e  m  s  b  z  e  f  h
```

Polish	English
telefon *[m]*	telephone
prześcieradło *[n]*	sheet
zmywarka *[f]*	dishwasher
kurek *[m]*	tap
portmonetka *[f]*	purse
łóżko *[n]*	bed
łyżka *[f]*	spoon
toster *[m]*	toaster
toaleta *[f]*	toilet
zamrażarka *[f]*	freezer
przełącznik *[m]*	switch
telewizor *[m]*	television
woda *[f]*	water
obraz *[m]*	image

Word Search #9 - Around the House

```
y  a  ś  o  f  z  a  r  b  o  ą  u  r  z  a  e  ó
ż  r  z  k  s  g  l  n  t  a  ż  t  h  c  n  y  f
t  i  a  m  f  c  k  k  a  a  k  ł  ó  u  n  b  r
y  t  o  r  b  a  u  k  l  k  s  r  ą  l  a  e  t
m  o  r  b  ł  r  t  s  e  f  r  y  a  k  w  t  g
d  a  k  b  e  r  o  t  r  a  i  u  n  w  o  f  b
p  ś  t  k  z  y  c  g  z  z  b  s  d  y  y  y  u
j  n  o  r  t  s  u  l  d  s  m  ó  l  k  s  m  ó
f  a  ł  t  o  i  m  m  s  z  u  f  l  a  d  a  z
e  m  y  d  ł  o  a  j  w  e  g  a  w  ż  ó  n  u
```

Polish	English
klucz *[m]*	key
torebka *[f]*	handbag
obraz *[n]*	picture
zmywarka *[f]*	dishwasher
szafka *[f]*	cabinet
lustro *[n]*	mirror
mydło *[n]*	soap
nóż *[m]*	knife
torba *[f]*	bag
miotła *[f]*	broom
kurek *[m]*	tap
szuflada *[f]*	drawer
talerz *[m]*	plate
wanna *[f]*	bath (tub)

Word Search #10 - Around the House

```
m  d  ł  o  i  c  o  k  m  e  ż  o  ś  n  c  y  ż
f  i  y  ś  o  m  k  i  n  j  a  z  c  i  c  z  k
ś  ż  o  w  ó  k  e  b  u  m  r  a  n  n  p  b  i
k  t  w  t  a  d  i  ś  i  l  d  z  y  m  t  u  e
c  r  ą  ż  ł  n  ż  s  s  o  s  c  o  ó  f  t  l
h  e  p  k  o  a  k  t  w  y  e  d  ż  a  ą  e  i
k  t  o  b  r  a  z  h  r  f  b  ż  r  u  e  l  s
k  s  r  l  ż  p  d  p  n  g  f  t  ś  m  g  k  z
d  o  r  t  s  u  l  u  r  d  h  r  ż  i  ż  a  e
ż  t  f  y  w  a  k  o  d  k  e  n  a  b  z  d  k
```

Polish	English
miska *[f]*	bowl
prysznic *[m]*	shower
toster *[m]*	toaster
dzbanek do kawy *[n]*	coffee pot
kieliszek *[f]*	drinking glass
kocioł *[m]*	pot
obraz *[m]*	image
czajnik *[m]*	kettle
lustro *[n]*	mirror
woda *[f]*	water
dom *[m]*	house
butelka *[f]*	bottle
miotła *[f]*	broom
dywan *[m]*	carpet

Word Search #11 - Clothing

```
s  ó  w  g  b  p  e  y  s  k  s  w  e  t  e  r  ą
e  z  p  o  ń  c  z  o  c  h  y  b  w  s  r  z  w
p  i  l  ó  w  p  a  r  a  s  o  l  a  u  g  ż  r
u  s  n  a  b  o  y  z  b  s  e  m  k  k  o  ż  a
j  ń  z  a  f  y  t  f  b  a  i  a  z  i  r  e  n
f  a  d  e  r  r  k  c  i  n  n  j  u  e  s  ą  c
u  ł  u  e  r  b  o  l  k  d  d  t  l  n  e  p  g
p  r  i  l  w  ł  u  k  i  a  o  k  b  k  t  g  h
i  o  d  ż  i  n  s  y  n  ł  p  i  ł  a  ę  s  e
r  p  a  s  e  k  m  d  i  y  s  b  k  g  ł  f  w
```

Polish	English
sweter *[m]*	jumper
spodnie *[fp]*	trousers
pończochy *[fp]*	stockings
sandały *[mp]*	sandals
parasol *[m]*	umbrella
dżinsy *[fp]*	jeans
sukienka *[f]*	dress
bluzka *[f]*	blouse
ubranie *[n]*	clothes
gorset *[m]*	corset
bikini *[n]*	bikini
pasek *[m]*	belt
majtki *[mp]*	knickers
szlafrok *[m]*	dressing gown

Word Search #12 - Clothing

```
r ó ń d ż h ń ł t z ż p i ż a m a
ę j ł e b i u s t o n o s z h u ę
o g r o d n i c z k i l a z s i c
z f k p a r a s o l z z ł u y ó z
ł s o ą a s n ż m j a e k s n m a
b t s k u r t k a g k ż i z b c p
g l z h r u t i n r a g r c ż ż k
ę s u t r p ł a s z c z a ę p r a
ą ó l z ę m j e o b l u z k a a m
c p a i a d ż i n s y n w n u o k
```

Polish	English
płaszcz *[m]*	coat
parasol *[m]*	umbrella
bluzka *[f]*	blouse
koszula *[f]*	shirt
ogrodniczki *[mp]*	overalls
kurtka *[f]*	jacket
kapcie *[mp]*	slippers
garnitur *[m]*	suit
czapka *[f]*	cap
bluza *[f]*	sweatshirt
piżama *[f]*	pyjamas
biustonosz *[m]*	bra
dżinsy *[fp]*	jeans
szalik *[m]*	scarf

14

Word Search #13 - Clothing

```
p  r  ę  e  m  i  i  k  t  j  a  m  k  z  k  d  h
ł  ę  y  h  c  o  z  c  ń  o  p  ą  u  s  o  g  g
a  k  f  ł  m  s  n  ę  a  d  d  m  r  u  m  w  f
s  a  p  ń  ł  t  u  g  y  g  a  b  t  l  b  u  r
z  w  e  ó  m  k  o  s  z  u  l  a  k  e  i  b  e
c  i  a  k  z  c  e  t  s  u  h  c  a  p  n  r  t
z  c  d  a  ń  o  a  i  n  i  k  i  b  a  e  a  e
m  z  ę  w  ż  t  f  n  u  ę  u  s  e  k  z  n  w
d  k  s  p  ó  d  n  i  c  a  ó  ą  h  l  o  i  s
o  a  f  t  p  j  b  l  u  z  a  b  e  i  n  e  y
```

Polish	English
kapelusz *[m]*	hat
majtki *[mp]*	knickers
bikini *[n]*	bikini
chusteczka *[f]*	handkerchief
pończochy *[fp]*	stockings
sweter *[m]*	jumper
koszula *[f]*	shirt
rękawiczka *[f]*	glove
kombinezon *[m]*	jumpsuit
bluza *[f]*	sweatshirt
spódnica *[f]*	skirt
kurtka *[f]*	jacket
ubranie *[n]*	clothes
płaszcz *[m]*	overcoat

Word Search #14 - Clothing

```
k p b u l z b l u z k a f z y ż y
e r t z e k r e i n d o p s z t h
s w l ł i t t k m a ń u i ó w e c
a w o l e h u a ż k m z e b i n o
p l a s l r j k a p c i e o y i z
y z r p t t s k a r p e t k i s c
s o j k k ń ó z c z s a ł p m ó ń
g l a i z s ż w n e n w a ó t w o
i i k z c i n d o r g o m t ń k p
w s p ó d n i c a f u j ą y ż i ń
```

Polish	English
kurtka *[f]*	jacket
skarpetki *[fp]*	socks
tenisówki *[fp]*	running shoes
szalik *[m]*	scarf
kapcie *[mp]*	slippers
płaszcz *[m]*	overcoat
spodnie *[fp]*	trousers
bluzka *[f]*	blouse
pończochy *[fp]*	stockings
ogrodniczki *[mp]*	overalls
pasek *[m]*	belt
gorset *[m]*	corset
majtki *[mp]*	briefs
spódnica *[f]*	skirt

Word Search #15 - Clothing

```
s ń b u t y t r e k k i n g o w e
t ń a k t r u k l i z ą l k ę e t
n ż t s u k i e n k a l ń i ń i o
a ń k a m i z e l k a l m l o k b
g a m a ż i p e a ó b k d a z t m
i u ó f ł p f c i k s l t z m j u
d o c z a p k a s c z ą h s b a o
r b l u z a g m p a p u ą ó h m a
a k o m b i n e z o n a l c i t o
k ó i b r e t e w s i k k b e ł ż
```

Polish	English
szalik *[m]*	scarf
buty trekkingowe *[mp]*	hiking boots
kapcie *[mp]*	slippers
sukienka *[f]*	dress
bluza *[f]*	sweatshirt
kamizelka *[f]*	waistcoat
sweter *[m]*	jumper
kurtka *[f]*	jacket
majtki *[mp]*	knickers
bluzka *[f]*	blouse
kombinezon *[m]*	jumpsuit
kardigan *[m]*	cardigan
piżama *[f]*	pyjamas
czapka *[f]*	cap

Word Search #16 - Colours

```
y y y n s a j ó y n o w r e z c r
w t k d p ż i e ż b r ą z o w y o
o ł f ł y n i e b i e s k i ą w z
d ó r o l o k d s r m c n d w j i
r ż r z l k n b f y w o ż ó r n e
o d z i k o m k b f s z z ą l w l
b ą l m l k b i y p t ż ą ą z w o
ł s s b z k a c i e m n y d a p n
m ą w r k ł ż s y n r a z c y f y
i r o j y i y w o t e l o i f b l
```

Polish	English
fioletowy *[adj]*	purple
blond *[adj]*	blond
brązowy *[adj]*	brown
ciemny *[adj]*	dark
czerwony *[adj]*	red
różowy *[adj]*	pink
jasny *[adj]*	bright
biały *[adj]*	white
żółty *[adj]*	yellow
czarny *[adj]*	black
kolor *[m]*	colour
niebieski *[adj]*	blue
bordowy *[adj]*	maroon
zielony *[adj]*	green

Word Search #17 - Colours

```
ó  a  n  ó  j  y  w  o  z  ą  r  b  ż  n  c  ó  z
w  k  o  l  o  r  c  z  a  r  n  y  y  z  c  z  d
a  b  i  k  s  e  i  b  e  i  n  w  e  w  i  w  d
k  ł  a  k  z  y  f  m  m  ń  o  r  n  e  ó  l  y
y  w  o  t  e  l  o  i  f  ż  w  y  l  b  p  o  t
d  n  o  l  b  o  b  ł  e  o  p  o  j  l  ą  p  ł
r  ó  n  j  ż  a  n  b  n  j  n  r  l  t  t  j  ó
ą  f  b  o  t  b  i  y  m  y  y  ł  a  i  b  p  ż
i  k  n  s  b  y  y  w  o  d  r  o  b  i  e  m  o
p  o  m  a  r  a  ń  c  z  o  w  y  y  n  s  a  j
```

Polish	English
biały *[adj]*	white
blond *[adj]*	blond
żółty *[adj]*	yellow
zielony *[adj]*	green
pomarańczowy *[adj]*	orange
beżowy *[adj]*	beige
bordowy *[adj]*	maroon
niebieski *[adj]*	blue
czerwony *[adj]*	red
brązowy *[adj]*	brown
jasny *[adj]*	bright
fioletowy *[adj]*	purple
czarny *[adj]*	black
kolor *[m]*	colour

Word Search #18 - Colours

```
o  l  w  ł  ń  r  m  r  ż  a  b  ż  l  ł  n  ó  l
y  w  o  t  e  l  o  i  f  y  d  n  o  l  b  m  z
y  n  o  w  r  e  z  c  c  l  w  n  w  ł  d  j  ą
n  l  y  ł  ż  n  s  z  d  ż  r  o  t  c  j  a  b
m  n  t  ż  n  ń  a  o  j  b  a  e  z  e  m  s  i
e  f  ł  b  y  r  z  i  e  l  o  n  y  ą  ą  n  a
i  l  ó  o  n  b  e  ż  o  w  y  i  ń  d  r  y  ł
c  c  ż  y  ł  i  j  p  y  f  e  n  t  o  i  b  y
c  p  ą  d  k  o  l  o  r  b  o  r  d  o  w  y  i
a  p  p  y  r  a  z  s  t  ż  ą  y  s  d  ł  z  s
```

Polish	English
jasny *[adj]*	bright
brązowy *[adj]*	brown
czarny *[adj]*	black
bordowy *[adj]*	maroon
szary *[adj]*	grey
zielony *[adj]*	green
fioletowy *[adj]*	purple
biały *[adj]*	white
blond *[adj]*	blond
beżowy *[adj]*	beige
żółty *[adj]*	yellow
kolor *[m]*	colour
ciemny *[adj]*	dark
czerwony *[adj]*	red

Word Search #19 - Colours

n	y	i	d	z	ą	o	t	p	o	f	k	ą	s	ń	c	ż
ń	i	c	n	e	o	f	i	o	l	e	t	o	w	y	k	ł
j	k	i	o	l	j	a	s	n	y	d	ż	p	l	ó	o	i
ó	s	y	w	o	ż	e	b	m	i	j	n	ó	k	o	y	ą
m	e	y	w	o	ż	ó	r	ł	ł	b	s	o	ł	t	r	i
l	i	n	z	i	e	l	o	n	y	f	i	i	l	t	y	ł
t	b	c	z	e	r	w	o	n	y	z	i	a	l	b	y	i
a	e	b	r	ą	z	o	w	y	y	i	w	m	ł	a	y	e
ż	i	t	r	a	z	ż	y	j	ż	z	ó	b	ł	y	j	i
ą	n	c	i	e	m	n	y	n	y	f	y	n	r	a	z	c

Polish	English
żółty *[adj]*	yellow
fioletowy *[adj]*	purple
niebieski *[adj]*	blue
blond *[adj]*	blond
biały *[adj]*	white
czarny *[adj]*	black
różowy *[adj]*	pink
jasny *[adj]*	bright
czerwony *[adj]*	red
ciemny *[adj]*	dark
brązowy *[adj]*	brown
beżowy *[adj]*	beige
kolor *[m]*	colour
zielony *[adj]*	green

21

Word Search #20 - Colours

b	ń	c	p	a	a	n	i	e	b	i	e	s	k	i	k	z
o	p	i	ó	c	z	e	r	w	o	n	y	w	o	ż	e	b
r	p	c	ż	b	d	j	r	y	r	a	z	s	e	ą	m	y
d	r	z	ń	o	r	y	w	o	t	e	l	o	i	f	w	z
o	b	a	b	i	o	ą	ł	p	z	d	ń	d	ż	o	y	y
w	ł	r	i	j	l	o	z	k	ą	m	i	c	ż	a	t	n
y	ą	n	a	y	o	y	p	o	n	ł	j	ó	b	t	ł	m
n	ł	y	ł	t	k	e	w	r	w	ł	r	s	d	k	ó	e
d	d	b	y	ą	ń	ł	b	y	b	y	r	l	a	s	ż	i
f	p	o	m	a	r	a	ń	c	z	o	w	y	b	m	o	c

Polish	English
biały *[adj]*	white
szary *[adj]*	grey
różowy *[adj]*	pink
pomarańczowy *[adj]*	orange
ciemny *[adj]*	dark
kolor *[m]*	colour
czerwony *[adj]*	red
bordowy *[adj]*	maroon
niebieski *[adj]*	blue
brązowy *[adj]*	brown
beżowy *[adj]*	beige
fioletowy *[adj]*	purple
żółty *[adj]*	yellow
czarny *[adj]*	black

Word Search #21 - Days, Months, Seasons

```
g p ń e z c y t s ś r o d a i g m
a k g m p k n ł c m l l i m e d p
l l a k s ź d o s i e r p i e ń ź
a a s e j o r j b s g w e b ź e ź
t m g t c e i p i l a z y p r i m
o d w ą p a ź d z i e r n i k z ą
m ń b i j k w i o s n a n s w d z
i g a p u p o n i e d z i a ł e k
i r s y t u l e c z e r w i e c ś
c z w a r t e k e ą j e s i e ń a
```

Polish	English
lato *[n]*	summer
wiosna *[f]*	spring
piątek *[m]*	Friday
poniedziałek *[m]*	Monday
jesień *[m]*	autumn
czwartek *[m]*	Thursday
dzień *[m]*	day
lipiec *[m]*	July
sierpień *[m]*	August
październik *[m]*	October
styczeń *[m]*	January
luty *[m]*	February
czerwiec *[m]*	June
środa *[f]*	Wednesday

Word Search #22 - Days, Months, Seasons

```
l  i  p  i  e  c  w  c  ń  c  n  ń  j  j  r  z  ł
j  l  ą  y  g  g  e  e  c  s  y  o  o  ń  b  k  ą
r  z  t  u  ń  k  i  ś  j  c  a  r  z  ź  d  w  ń
m  l  a  t  o  s  d  n  y  c  l  b  l  e  u  i  ń
y  k  d  d  e  r  s  o  b  o  t  a  e  ń  s  e  e
e  e  o  j  y  c  o  ł  b  m  d  e  s  l  a  c  i
ś  t  r  m  m  o  n  c  e  i  w  r  e  z  c  i  z
a  ą  ś  i  a  a  l  e  i  z  d  e  i  n  ź  e  d
n  i  e  o  b  j  c  m  i  e  s  i  ą  c  s  ń  e
b  p  s  l  p  a  ź  d  z  i  e  r  n  i  k  ś  t
```

Polish	English
środa *[f]*	Wednesday
niedziela *[f]*	Sunday
miesiąc *[m]*	month
maj *[m]*	May
sezon *[m]*	season
lipiec *[m]*	July
jesień *[m]*	autumn
lato *[n]*	summer
sobota *[f]*	Saturday
październik *[m]*	October
dzień *[m]*	day
kwiecień *[m]*	April
piątek *[m]*	Friday
czerwiec *[m]*	June

Word Search #23 - Days, Months, Seasons

```
ś  m  a  t  n  i  e  d  z  i  e  l  a  t  j  ń  p
z  l  ś  z  l  w  j  z  i  m  a  w  a  ź  y  e  w
j  e  s  i  e  ń  k  z  b  ł  b  g  s  m  p  i  r
m  a  r  z  e  c  s  c  ń  c  j  o  l  ś  n  z  z
p  o  n  i  e  d  z  i  a  ł  e  k  r  ś  w  d  e
u  i  b  z  a  n  s  o  i  w  ś  r  o  d  a  u  s
a  c  ą  i  s  e  i  m  y  t  u  l  i  a  t  r  i
m  ą  s  o  b  o  t  a  c  o  o  ź  n  o  w  g  e
d  e  ń  l  p  r  ł  r  c  c  e  i  p  i  l  ł  ń
k  w  i  e  c  i  e  ń  t  e  z  d  k  b  ń  s  y
```

Polish	English
zima *[f]*	winter
lipiec *[m]*	July
środa *[f]*	Wednesday
poniedziałek *[m]*	Monday
luty *[m]*	February
grudzień *[m]*	December
wiosna *[f]*	spring
marzec *[m]*	March
kwiecień *[m]*	April
sobota *[f]*	Saturday
jesień *[m]*	autumn
niedziela *[f]*	Sunday
miesiąc *[m]*	month
wrzesień *[m]*	September

Word Search #24 - Days, Months, Seasons

```
ń  ń  ą  m  w  n  i  e  d  z  i  e  l  a  z  c  ź
e  e  c  o  m  i  ź  ń  i  n  a  ą  s  a  a  b  c
i  i  b  l  ń  o  b  r  e  w  j  d  ź  o  u  s  e
c  s  ń  e  z  c  y  t  s  i  r  s  d  m  m  o  i
e  e  ń  j  a  m  r  s  ń  y  p  z  t  k  u  b  w
i  j  ą  ś  n  e  y  t  u  l  o  r  e  r  k  o  r
w  c  k  d  l  s  a  d  o  r  ś  k  e  s  w  t  e
k  p  o  n  i  e  d  z  i  a  ł  e  k  i  i  a  z
z  ź  z  p  a  ź  d  z  i  e  r  n  i  k  s  e  c
s  c  l  ś  ą  y  o  t  a  l  k  c  e  ź  g  m  ń
```

Polish	English
sierpień *[m]*	August
październik *[m]*	October
poniedziałek *[m]*	Monday
lato *[n]*	summer
styczeń *[m]*	January
kwiecień *[m]*	April
luty *[m]*	February
sobota *[f]*	Saturday
wrzesień *[m]*	September
maj *[m]*	May
niedziela *[f]*	Sunday
czerwiec *[m]*	June
jesień *[m]*	autumn
środa *[f]*	Wednesday

Word Search #25 - Days, Months, Seasons

s	w	g	a	l	e	i	z	d	e	i	n	y	y	n	g	i
n	r	a	p	s	b	c	ń	k	w	i	e	c	i	e	ń	t
k	z	ś	s	e	z	o	n	c	z	e	r	w	i	e	c	l
g	e	d	m	e	g	ś	m	g	b	k	e	r	o	t	w	m
a	s	j	a	ń	ź	p	i	ą	t	e	k	ł	g	ź	i	i
ą	i	b	r	ń	e	z	c	y	t	s	w	ń	l	t	w	e
j	e	w	z	y	r	i	g	k	l	i	p	i	e	c	ł	s
w	ń	m	e	d	ą	r	z	z	ź	ą	ą	l	w	t	ń	i
s	a	a	c	k	p	r	r	d	ą	m	p	u	r	l	u	ą
j	n	u	ź	ł	j	g	ł	w	ą	a	m	i	z	w	i	c

Polish	English
lipiec *[m]*	July
sezon *[m]*	season
miesiąc *[m]*	month
dzień *[m]*	day
wtorek *[m]*	Tuesday
piątek *[m]*	Friday
zima *[f]*	winter
wrzesień *[m]*	September
maj *[m]*	May
kwiecień *[m]*	April
czerwiec *[m]*	June
niedziela *[f]*	Sunday
marzec *[m]*	March
styczeń *[m]*	January

Word Search #26 - Family

```
c  i  o  c  i  a  ó  j  m  z  p  p  e  e  e  n  r
a  d  o  ł  m  a  n  n  a  p  z  ż  j  i  ł  t  z
e  o  j  c  z  y  m  ą  w  y  k  s  o  p  e  p  a
p  r  z  y  r  o  d  n  i  b  r  a  t  n  ż  p  k
h  k  s  e  c  i  z  d  o  r  d  e  p  a  a  ż  t
t  a  r  b  d  z  i  a  d  e  k  b  j  ż  o  c  a
w  d  ł  o  t  a  n  i  z  d  o  r  z  ż  ą  z  m
ą  c  j  a  j  a  i  c  b  a  b  t  d  r  h  m  k
y  i  c  s  i  o  s  t  r  z  e  n  i  e  c  p  p
d  b  y  c  i  z  d  o  r  i  d  ż  o  h  n  ą  ż
```

Polish	English
przyrodni brat *[m]*	stepbrother
siostrzeniec *[m]*	nephew
rodzina *[f]*	family
rodzice *[mp]*	parents
żona *[f]*	wife
babcia *[f]*	grandmother
panna młoda *[f]*	bride
rodzic *[m]*	parent
mąż *[m]*	husband
matka *[f]*	mother
ojczym *[m]*	stepfather
ciocia *[f]*	aunt
brat *[m]*	brother
dziadek *[m]*	grandfather

Word Search #27 - Family

```
n y t a r b i n d o r y z r p s m
d s i o s t r z e n i e c a s a c
d b r e i s a p m ż ł u b n t e y
y ą c a n i z d o r b i n k i o r
a ą ż y c c u j p z r p a c a o h
i o p ą ł k u z y n a a j p d z p
c k ż n m j m t u ł t o j z i t d
b t c o p u a c i b r e i s a p e
a h j z n ą d j b a w c s ż ó t s
b p k s k a i c o i c ł u d e o a
```

Polish	English
rodzina *[f]*	family
rodzic *[m]*	parent
ojciec *[m]*	father
przyrodni brat *[m]*	stepbrother
pasierbica *[f]*	stepdaughter
mąż *[m]*	husband
matka *[f]*	mother
siostrzeniec *[m]*	nephew
żona *[f]*	wife
kuzyn *[m]*	cousin
babcia *[f]*	grandmother
brat *[m]*	brother
pasierb *[m]*	stepson
ciocia *[f]*	aunt

Word Search #28 - Family

ą	j	j	i	t	h	u	o	h	u	y	n	w	e	r	k	ż
w	j	ż	ó	ą	j	h	b	a	b	c	i	a	b	ą	m	t
u	ą	a	b	ó	ż	o	j	c	z	y	m	a	m	a	k	a
j	k	p	a	n	n	a	m	ł	o	d	a	j	c	n	y	h
e	p	w	i	ż	a	ó	ą	b	ł	r	k	o	u	s	c	d
n	y	z	u	k	n	b	j	r	w	ó	c	i	p	u	h	w
c	a	n	i	z	d	o	r	a	a	h	e	t	w	n	u	k
b	m	ą	m	d	s	t	w	t	a	d	ł	r	i	r	b	j
o	n	ł	i	m	ą	ż	e	u	ż	k	y	m	d	ó	u	t
p	p	a	s	i	e	r	b	i	c	a	r	o	d	z	i	c

Polish	English
brat *[m]*	brother
panna młoda *[f]*	bride
rodzic *[m]*	parent
mąż *[m]*	husband
krewny *[m]*	relative
macocha *[f]*	stepmother
pasierbica *[f]*	stepdaughter
rodzina *[f]*	family
mama *[f]*	mum
babcia *[f]*	grandmother
wnuk *[m]*	grandchild
wuj *[m]*	uncle
kuzyn *[m]*	cousin
ojczym *[m]*	stepfather

Word Search #29 - Family

```
o  ą  i  n  w  e  r  k  s  ó  z  t  j  z  k  i  p
b  e  ż  r  o  d  z  i  n  a  m  b  m  t  u  d  k
a  b  u  d  e  ł  o  u  r  p  r  c  c  a  n  ż  ż
b  b  r  e  i  s  a  p  ż  a  ó  w  w  t  w  o  o
c  u  e  z  t  j  t  p  t  t  e  c  ż  a  o  h  p
i  d  h  r  m  r  m  ą  ą  a  i  c  o  i  c  k  d
a  w  a  a  h  c  o  c  a  m  i  ó  n  y  z  u  k
a  r  t  s  o  i  s  a  i  n  d  o  r  y  z  r  p
i  ż  j  s  i  o  s  t  r  z  e  n  i  e  c  m  j
m  a  m  a  b  d  p  ó  ż  e  y  c  ó  t  h  b  ą
```

Polish	English
siostrzeniec *[m]*	nephew
mama *[f]*	mum
wnuk *[m]*	grandchild
przyrodnia siostra *[f]*	stepsister
kuzyn *[m]*	cousin
macocha *[f]*	stepmother
pasierb *[m]*	stepson
brat *[m]*	brother
rodzina *[f]*	family
ciocia *[f]*	aunt
krewni *[mp]*	relatives
tata *[m]*	dad
babcia *[f]*	grandmother
siostra *[f]*	sister

Word Search #30 - Family

```
n e a c i n e z r t s o i s k ł d
ó m t p p a d o ł m a n n a p z c
u a n o ż ż ó r b r o d z i c e ó
ł t a r b i n d o r y z r p t h a
m ą p ł k d a t a t d r t t w ż r
e n ł ł z r m k b n b t t k e m ó
w b o s i n e ą t a a i c b a b e
ą u a h h u y w ż a i z a m a m i
a u j n y z u k n ó m o n u d n e
e m a c o c h a a i ó e ł ó t i k
```

Polish	English
przyrodni brat *[m]*	stepbrother
krewni *[mp]*	relatives
kuzyn *[m]*	cousin
siostrzenica *[f]*	niece
panna młoda *[f]*	bride
mąż *[m]*	husband
babcia *[f]*	grandmother
rodzice *[mp]*	parents
mama *[f]*	mum
żona *[f]*	wife
macocha *[f]*	stepmother
wuj *[m]*	uncle
tata *[m]*	dad
matka *[f]*	mother

Word Search #31 - Numbers

```
n  n  i  c  ś  e  i  z  d  y  z  r  t  s  n  ę  i
s  i  e  d  e  m  n  a  ś  c  i  e  l  t  e  w  y
d  w  a  d  z  i  e  ś  c  i  a  c  i  o  d  z  e
e  m  e  ć  y  s  i  e  d  e  m  s  e  t  e  ś  ę
s  z  e  ś  ć  l  t  r  j  z  ą  a  i  c  j  w  e
n  r  b  o  s  i  e  m  d  z  i  e  s  i  ą  t  ę
n  l  s  m  t  e  s  m  e  i  s  o  ć  w  a  w  d
z  ą  m  a  r  i  c  ś  e  i  z  d  r  e  t  z  c
z  s  n  u  z  a  j  i  c  z  t  e  r  y  a  i  p
r  c  a  c  y  r  j  e  d  e  n  a  ś  c  i  e  c
```

Polish

czterdzieści *[num]*

jedenaście *[num]*

trzydzieści *[num]*

dwa *[num]*

dwadzieścia *[num]*

sześć *[num]*

jeden *[num]*

siedemset *[num]*

trzy *[num]*

osiemdziesiąt *[num]*

cztery *[num]*

sto *[num]*

siedemnaście *[num]*

osiemset *[num]*

English

forty

eleven

thirty

two

twenty

six

one

seven hundred

three

eighty

four

one hundred

seventeen

eight hundred

Word Search #32 - Numbers

```
j  t  p  d  z  i  e  w  i  ę  ć  s  e  t  ś  u  t
l  e  ć  m  o  a  ć  m  ę  z  t  p  c  e  o  ę  l
c  s  r  ś  w  s  i  e  d  e  m  n  a  ś  c  i  e
c  m  c  d  p  j  e  d  e  n  b  i  l  i  o  n  r
t  e  p  i  ę  t  n  a  ś  c  i  e  a  t  e  z  o
y  d  n  m  e  d  e  i  s  ć  ę  i  w  e  i  z  d
s  e  e  i  c  ś  e  i  z  d  r  e  t  z  c  o  z
i  i  d  o  s  i  e  m  s  e  t  y  ę  m  m  j  ć
ą  s  e  d  z  i  e  w  i  ę  t  n  a  ś  c  i  e
c  z  j  e  d  e  n  m  i  l  i  o  n  a  p  u  e
```

Polish	English
siedem *[num]*	seven
jeden bilion *[num]*	one billion
siedemset *[num]*	seven hundred
czterdzieści *[num]*	forty
jeden *[num]*	one
dziewiętnaście *[num]*	nineteen
dziewięć *[num]*	nine
dziewięćset *[num]*	nine hundred
jeden milion *[num]*	one million
siedemnaście *[num]*	seventeen
tysiąc *[num]*	one thousand
dwa *[num]*	two
piętnaście *[num]*	fifteen
osiemset *[num]*	eight hundred

Word Search #33 - Numbers

a	o	s	z	e	ś	ć	d	z	i	e	s	i	ą	t	l	y
e	w	l	s	i	e	d	e	m	n	a	ś	c	i	e	l	l
y	z	d	j	e	d	e	n	u	ć	ś	n	o	r	s	y	c
r	e	a	i	c	ś	e	i	z	d	a	w	d	m	m	d	n
z	ę	d	a	o	r	e	z	w	o	y	b	ś	ę	e	j	m
s	s	z	w	i	ć	ę	i	s	e	i	z	d	e	i	ą	o
ą	z	s	j	e	i	c	ś	a	n	s	e	z	s	s	c	m
ć	ć	n	o	i	l	i	m	n	e	d	e	j	t	o	b	t
b	l	u	r	p	j	c	r	c	z	t	e	r	y	z	r	t
s	i	e	d	e	m	t	ę	b	ś	t	e	s	ć	ę	i	p

Polish

osiemset *[num]*

jeden *[num]*

sześćdziesiąt *[num]*

zero *[num]*

jeden milion *[num]*

szesnaście *[num]*

siedem *[num]*

cztery *[num]*

dwadzieścia *[num]*

trzy *[num]*

dziesięć *[num]*

siedemnaście *[num]*

dwa *[num]*

pięćset *[num]*

English

eight hundred

one

sixty

zero

one million

sixteen

seven

four

twenty

three

ten

seventeen

two

five hundred

35

Word Search #34 - Numbers

```
t  e  s  ć  ę  i  p  e  l  y  e  o  y  s  ś  l  n
r  e  i  c  ś  a  n  m  e  d  e  i  s  w  o  o  u
l  o  p  e  s  u  u  w  d  z  i  e  s  i  ę  ć  m
ś  t  w  r  i  u  c  c  ę  b  d  i  s  ś  a  e
y  r  e  t  z  c  e  i  c  ś  a  n  s  e  z  s  r
m  ś  e  ą  a  ę  d  w  a  ę  p  a  m  z  ą  ą  c
j  e  d  e  n  a  ś  c  i  e  b  r  o  s  i  e  m
p  t  e  s  ć  ś  e  z  s  e  j  z  e  r  o  ć  c
a  d  l  z  i  o  s  i  e  m  s  e  t  u  ą  n  e
p  i  ę  t  n  a  ś  c  i  e  c  ą  i  s  y  t  s
```

Polish	English
dziesięć *[num]*	ten
numer *[m]*	number
piętnaście *[num]*	fifteen
cztery *[num]*	four
osiem *[num]*	eight
osiemset *[num]*	eight hundred
jedenaście *[num]*	eleven
szesnaście *[num]*	sixteen
sześćset *[num]*	six hundred
zero *[num]*	zero
tysiąc *[num]*	one thousand
siedemnaście *[num]*	seventeen
dwa *[num]*	two
pięćset *[num]*	five hundred

Word Search #35 - Numbers

```
e  ę  p  l  l  o  j  d  w  i  e  ś  c  i  e  t  s
i  ć  a  i  c  ś  e  i  z  d  y  z  r  t  o  s  z
c  w  a  d  w  a  d  z  i  e  ś  c  i  a  z  ć  e
ś  j  e  d  e  n  b  i  l  i  o  n  p  e  u  e  ś
a  y  c  j  y  a  m  d  w  a  n  a  ś  c  i  e  ć
n  l  r  z  n  u  m  e  r  t  n  ć  d  w  a  ć  o
s  e  r  t  n  n  p  c  c  u  s  z  e  e  r  p  r
e  t  e  n  u  d  ę  ć  y  e  m  r  n  e  d  a  c
z  b  c  o  n  ś  p  a  t  s  y  z  r  t  m  l  ć
s  b  d  o  s  i  e  m  s  e  t  i  m  e  i  s  o
```

Polish	English
dwanaście *[num]*	twelve
osiem *[num]*	eight
trzydzieści *[num]*	thirty
dwieście *[num]*	two hundred
sześćset *[num]*	six hundred
trzy *[num]*	three
szesnaście *[num]*	sixteen
dwadzieścia *[num]*	twenty
osiemset *[num]*	eight hundred
numer *[m]*	number
dwa *[num]*	two
trzysta *[num]*	three hundred
sześć *[num]*	six
jeden bilion *[num]*	one billion

Word Search #36 - Parts of the Body

```
e  j  ó  k  ń  p  i  ę  ś  ć  m  t  u  h  ò  g  e
n  o  o  r  d  o  i  b  s  ć  m  k  i  u  s  t  a
k  y  c  ę  s  ò  m  ł  a  ł  y  ż  g  ż  h  a  ę
n  y  j  u  g  k  m  l  ń  l  ò  ś  t  ń  i  g  ò
h  g  b  ó  ł  ś  r  e  i  p  ż  i  s  l  ć  g  k
g  ś  n  ę  a  p  g  a  u  ń  ò  c  a  r  g  z  y
ć  t  e  r  w  s  ó  k  b  y  l  t  a  ą  h  ò  z
b  y  i  ć  h  ò  ę  z  ł  o  z  c  u  r  g  m  ę
o  n  g  ę  i  c  ś  z  n  ż  ń  s  m  t  l  m  j
u  k  e  d  ą  ł  o  ż  r  j  c  n  o  y  t  ò  p
```

Polish	English
mòzg *[m]*	brain
rzęsa *[f]*	eyelash
usta *[f]*	mouth
ścięgno *[n]*	tendon
płuco *[n]*	lung
bark *[m]*	shoulder
pięść *[f]*	fist
biodro *[n]*	hip
pierś *[f]*	breast
język *[m]*	tongue
żyła *[f]*	vein
gruczoł *[m]*	gland
talia *[f]*	waist
żołądek *[m]*	stomach

Word Search #37 - Parts of the Body

```
t  s  ś  k  t  ą  o  ł  a  i  c  ć  y  ć  r  w  o
ę  k  ł  g  e  a  d  o  r  b  s  j  ś  b  r  e  w
t  e  j  j  s  z  y  d  ó  ę  z  ò  ś  ż  u  b  b
n  u  a  j  ó  s  c  p  a  l  e  c  u  n  o  g  i
i  o  k  j  ę  ż  z  i  ó  c  u  h  k  ś  ż  w  k
c  c  ę  y  t  z  d  y  l  s  n  e  r  k  a  r  a
a  h  z  b  ò  y  y  ć  j  o  ż  ń  ś  p  p  e  o
m  z  c  ę  c  k  g  k  k  a  p  a  a  ó  a  n  ę
b  z  z  z  a  k  e  i  w  o  p  j  r  g  g  ę  ó
ł  ć  s  a  b  o  r  t  ą  w  s  ś  i  ś  n  ł  ń
```

Polish	English
nerw *[m]*	nerve
policzek *[m]*	cheek
nerka *[f]*	kidney
szczęka *[f]*	jaw
wątroba *[f]*	liver
ciało *[n]*	body
zęby *[mp]*	teeth
język *[m]*	tongue
tętnica *[f]*	artery
palec u nogi *[m]*	toe
powieka *[f]*	eyelid
brew *[f]*	eyebrow
broda *[f]*	chin
szyja *[f]*	neck

Word Search #38 - Parts of the Body

```
d  ł  ą  o  r  b  e  ż  s  n  r  ś  z  c  b  o  g
t  ą  ł  b  i  o  d  r  o  m  ś  a  z  ę  ò  c  z
p  t  ò  m  k  a  w  ł  o  s  y  o  g  ń  ą  u  ż
a  ą  ć  ś  o  k  b  ó  h  w  ł  m  ż  r  ż  ł  s
ć  k  ń  h  ć  b  ż  o  z  o  p  z  c  i  a  p  z
g  p  o  w  i  e  k  a  r  ò  w  k  g  i  p  w  y
ę  c  ń  p  i  e  r  ś  a  t  ż  m  h  ó  l  ł  j
h  c  r  ń  o  c  j  s  l  n  ą  k  a  l  e  ó  a
p  b  w  t  ę  k  ò  h  p  o  ż  w  ò  ę  c  j  ć
j  ą  ą  z  ż  h  o  i  ń  s  z  k  m  ł  y  p  ń
```

Polish	English
warga *[f]*	lip
włosy *[fp]*	hair
pierś *[f]*	breast
nos *[m]*	nose
wątroba *[f]*	liver
plecy *[fp]*	back
oko *[n]*	eye
biodro *[n]*	hip
szyja *[f]*	neck
czoło *[n]*	forehead
płuco *[n]*	lung
powieka *[f]*	eyelid
kość *[f]*	bone
żebro *[n]*	rib

Word Search #39 - Parts of the Body

ł	r	e	b	ę	d	r	d	u	h	d	k	g	z	ò	m	t
ć	z	e	o	ł	o	s	s	ś	o	u	a	o	ł	a	i	c
l	ą	ń	b	o	o	n	ł	o	u	k	y	b	ę	z	ń	u
a	ć	g	o	t	e	k	k	ż	ę	y	h	a	k	d	w	ń
m	ł	ł	t	r	l	o	i	r	k	r	a	b	a	y	ł	ń
y	ń	y	w	ę	ł	ć	b	e	y	e	a	r	k	r	o	j
b	g	m	ż	i	i	h	b	e	ć	c	ó	ć	ę	m	s	s
n	j	ś	k	m	e	p	ę	m	w	k	ą	a	d	w	y	g
k	k	d	h	a	i	h	n	m	s	ę	a	d	o	r	b	g
c	ł	s	d	r	u	r	ć	n	a	g	r	a	w	h	ś	ę

Polish	English
ramię *[n]*	arm
łokieć *[m]*	elbow
mòzg *[m]*	brain
ciało *[n]*	body
warga *[f]*	lip
skóra *[f]*	skin
bark *[m]*	shoulder
nerw *[m]*	nerve
broda *[f]*	chin
żyła *[f]*	vein
włosy *[fp]*	hair
zęby *[mp]*	teeth
ręka *[f]*	hand
oko *[n]*	eye

Word Search #40 - Parts of the Body

```
w  p  ł  o  z  c  u  r  g  y  w  k  n  ą  ż  n  k
h  l  g  c  j  r  b  ń  z  g  u  ę  o  g  ó  e  r
a  e  b  i  o  d  r  o  ć  ł  c  s  s  ę  t  ż  ć
w  c  r  w  d  z  b  l  l  ń  g  l  a  s  ó  l  s
ę  y  e  ż  y  ł  a  e  ć  ó  ł  o  r  b  e  ż  n
ą  r  ć  ą  z  ć  u  g  ł  o  w  a  ń  d  ń  n  b
b  n  e  r  k  a  ł  ś  l  a  g  o  z  k  r  a  b
ó  a  g  l  l  p  b  r  o  d  a  r  ó  s  d  l  e
k  e  d  ą  ł  o  ż  ż  a  k  e  z  c  i  l  o  p
e  c  n  t  b  b  ę  n  t  l  ò  a  ą  h  j  h  ą
```

Polish	English
nadgarstek *[m]*	wrist
nerka *[f]*	kidney
żebro *[n]*	rib
plecy *[fp]*	back
broda *[f]*	chin
nos *[m]*	nose
głowa *[f]*	head
brew *[f]*	eyebrow
gruczoł *[m]*	gland
policzek *[m]*	cheek
żyła *[f]*	vein
żołądek *[m]*	stomach
biodro *[n]*	hip
bark *[m]*	shoulder

Welcome to the
Word Scramble section!

For each category, there are 5 puzzles, and each puzzle has 7 word scrambles.

You must rearrange the letters of each scramble to get the correct word.

There is a place under each scramble to write your answer.

Spaces and hyphens are in their proper places already.

Word Scramble #1 - Animals

1)
a o w r k

_____

2)
f ż y a r a

_____

3)
i ą b w l ł d e

_____

4)
k y b

_____

5)
n s e o o c o ż r

_____

6)
w ż ą

_____

7)
m a p ł a

_____

Word Scramble #2 - Animals

1) w n p a a i

_____

2) t k o

_____

3) o ń k

_____

4) i j n ę a g

_____

5) i s l

_____

6) k k o l o r d y

_____

7) i k w l

_____

Word Scramble #3 - Animals

1) k a o z

_____

2) ą w e d l ł i b

_____

3) j n i a g ę

_____

4) g a e p r d

_____

5) s i l

_____

6) r l y d o k k o

_____

7) a g l e z a

_____

Word Scramble #4 - Animals

1)   j n ę g i a

_____

2)   y r d   ś y u r

_____

3)   y d k o l k o r

_____

4)   k i l r ó k

_____

5)   k o a z

_____

6)   r f a ż a y

_____

7)   r b a z e

_____

Word Scramble #5 - Animals

1) o s e r o o n ż c

_____

2) b r b ó

_____

3) t k o

_____

4) a f r a ż y

_____

5) z a g e l a

_____

6) a b a ż

_____

7) b s r o k u

_____

Word Scramble #6 - Around the House

1) k u r k e

_____

2) s e r k m i

_____

3) k r z z d a u c o

_____

4) l m b e e

_____

5) o ł i k o c

_____

6) e t n r k m o a p o t

_____

7) u s d a o z p k

_____

Word Scramble #7 - Around the House

1) f z a a s

_____

2) s ł t ó

_____

3) z d s o p s a o   ł n   r a c i z a y n k

_____

4) r w z i d

_____

5) a k s z f a

_____

6) ż a ł k y

_____

7) s e i k e z l k i

_____

Word Scramble #8 - Around the House

1) i y n p z r c s

_____

2) o ł t a m i

_____

3) w r z d i

_____

4) l a z f u a d s

_____

5) i z k j n a c

_____

6) a n w n a

_____

7) e d s r e k n

_____

Word Scramble #9 - Around the House

1) z e l w r t e o i

_____

2) e e b l m

_____

3) e t b k o a r

_____

4) o w z n a

_____

5) i d e a n

_____

6) a u k s p z

_____

7) d o ł y m

_____

Word Scramble #10 - Around the House

1) a l a p k r

_____

2) e i r s m k

_____

3) o s k y o c s p   r z   n n d z a a ł i a

_____

4) m r z k r a ż a a a

_____

5) a t o b r

_____

6) d a o w

_____

7) s k n e r e d

_____

Word Scramble #11 - Clothing

1) u r a i g r t n

_____

2) s - t h t i r

_____

3) u n k e i s a k

_____

4) a p ł s z z c

_____

5) i e p l ą   s y w o k t ó j r

_____

6) e c i a p k

_____

7) z i g d n k o r i o c

_____

55

Word Scramble #12 - Clothing

1) i n d r a k a g

_____

2) r k k t a u

_____

3) e k w g   o t n t i e r b k y u

_____

4) k c p z a a

_____

5) ż a m a i p

_____

6) k k w y i   m z z s a c n ł b e y a

_____

7) e k p a i c

_____

Word Scramble #13 - Clothing

1)   o t e r s g

_____

2)   o t s s u b n i z o

_____

3)   u z t k c s c h a e

_____

4)   t s k p k r e i a

_____

5)   m n z i o o b n k e

_____

6)   l u a z b

_____

7)   s p z ł c z a

_____

Word Scramble #14 - Clothing

1) g n w b   k i e o k u t y r e t

_____

2) o b e o n i m z k n

_____

3) a r l o p s a

_____

4) c p e a i k

_____

5) a c a z p k

_____

6) l k a o z u s

_____

7) o f s k a z r l

_____

Word Scramble #15 - Clothing

1) ż n s i y d

_____

2) a s z p z c ł

_____

3) r w k ę i a z k c a

_____

4) s i o d n p e

_____

5) s j l o p e t ó ą k r y w i

_____

6) k m k l a e i a z

_____

7) g u r r n a i t

_____

Word Scramble #16 - Colours

1) n j y s a

_____

2) w o b y r o d

_____

3) y r z a s

_____

4) l r o k o

_____

5) n z y r a c

_____

6) z r b ą o w y

_____

7) b y a ł i

_____

Word Scramble #17 - Colours

1) a s y n j

_____

2) w y r o o b d

_____

3) r ó o ż w y

_____

4) z o n e i l y

_____

5) l o k r o

_____

6) ł a b y i

_____

7) b o ż w e y

_____

Word Scramble #18 - Colours

1) ó ł ż t y

_____

2) r y o ą w z b

_____

3) o n y i e z l

_____

4) m y i e c n

_____

5) b y ł i a

_____

6) y e ż b o w

_____

7) ń a w m a r c p y o z o

_____

Word Scramble #19 - Colours

1) ń o a m p a r c w z o y

_____

2) i n k s i e b e i

_____

3) o r l o k

_____

4) c y i m e n

_____

5) a n s y j

_____

6) z n a y r c

_____

7) r z a y s

_____

Word Scramble #20 - Colours

1) a b y ł i

_____

2) l k o o r

_____

3) w b o ż e y

_____

4) o b l d n

_____

5) z y s r a

_____

6) l z y e n o i

_____

7) r w o ż y ó

_____

Word Scramble #21 - Days, Months, Seasons

1) ń c s z t y e

_____

2) c e i i p l

_____

3) n ł a e k e i p i z d o

_____

4) z i e c e r c w

_____

5) k p ą e t i

_____

6) g d ń z r e i u

_____

7) o l i a t s p d

_____

Word Scramble #22 - Days, Months, Seasons

1) d e i z p n k i ź r a

_____

2) e i i d z n e a l

_____

3) l a t o

_____

4) b s a t o o

_____

5) g e u i ń z r d

_____

6) w r ń i e e s z

_____

7) e ń i i s r p e

_____

Word Scramble #23 - Days, Months, Seasons

1) o t a l

_____

2) c e i z r w e c

_____

3) k e t w r o

_____

4) o b a o s t

_____

5) a z m i

_____

6) e i k w i e ń c

_____

7) s w i n o a

_____

Word Scramble #24 - Days, Months, Seasons

1) j m a

_____

2) e e i i w c k ń

_____

3) r e e ń i i p s

_____

4) i d s t p o l a

_____

5) n ł i z p d a e i o k e

_____

6) e c w r i z e c

_____

7) ź n r k a d p i i z e

_____

Word Scramble #25 - Days, Months, Seasons

1)   e i e r ń z w s

_____

2)   i ń z d e

_____

3)   z a i m

_____

4)   a m j

_____

5)   e z a r w k t c

_____

6)   i a o n s w

_____

7)   i i e l c p

_____

Word Scramble #26 - Family

1) p b s a e r i

_____

2) u n y z k

_____

3) s z r s r n o a y p   t d a r o i i

_____

4) u w j

_____

5) i c i o a c

_____

6) s a p e a i i r c b

_____

7) i c o z d r e

_____

Word Scramble #27 - Family

1) p r a o y z t r b   n d i r

_____

2) r n s c t o e s i i e z

_____

3) i d z r c o

_____

4) j u w

_____

5) y z c j m o

_____

6) k n z y u

_____

7) ż m ą

_____

Word Scramble #28 - Family

1) c i i a c o

_____

2) k n u w

_____

3) z d o e c r i

_____

4) o j z m y c

_____

5) a b r t

_____

6) r i a s z a p s i t   r n o d y r o

_____

7) z k y n u

_____

Word Scramble #29 - Family

1) t r b a

_____

2) n e i r k w

_____

3) c o a i c i

_____

4) u n k w

_____

5) a r c k ó

_____

6) m a a m

_____

7) r e z o d i c

_____

Word Scramble #30 - Family

1) e c r d z i o

_____

2) o i i a c c

_____

3) n k y r w e

_____

4) t a a t

_____

5) z a i d e k d

_____

6) a m a m

_____

7) j c y m z o

_____

Word Scramble #31 - Numbers

1) ę i s p ć t e

_____

2) i ę p c

_____

3) a e r c n e z i c t ś

_____

4) c ą i s y t

_____

5) s o t

_____

6) ę t ś w i a i e n d e i z c

_____

7) s z ć e ś

_____

Word Scramble #32 - Numbers

1) e r z o

_____

2) ś s e t s e ć z

_____

3) m i i l j   e d n n e o

_____

4) s m i e d e

_____

5) t s i i o s e d ą z m e i

_____

6) e a d i c i ś a d z w

_____

7) s i e o m

_____

Word Scramble #33 - Numbers

1) u m n r e

_____

2) i c t ą s y

_____

3) s m a e i i e ś e n d c

_____

4) e d i ą z ć i w i s z e ę t i d

_____

5) c p a ś e ę i i t n

_____

6) c t a e e ę ś d w i i n i z

_____

7) c n s e ś a z e s i

_____

Word Scramble #34 - Numbers

1) z t r y

_____

2) d z i e w ć i ę

_____

3) ć s z ś e

_____

4) e e ś z ć s s t

_____

5) i p ę t ć e s

_____

6) ć z i p d s i e ą ę i t

_____

7) i e a ś c n w a d

_____

Word Scramble #35 - Numbers

1)
a d w

_____

2)
z i a i a d c d w ś e

_____

3)
n o i b d   n j l e e i

_____

4)
i m n e a i d ś e c s e

_____

5)
ć z ę w i i e d

_____

6)
n ś a z r i y t e c

_____

7)
d ś ć e e i ą i z z s s t

_____

Word Scramble #36 - Parts of the Body

1) g z ò m

_____

2) s t p a o

_____

3) g i p i e

_____

4) o k ś ć

_____

5) o p k ę g u r s ł

_____

6) p r e i ś

_____

7) ę a k r

_____

Word Scramble #37 - Parts of the Body

1) ę b z y

_____

2) z j s a y

_____

3) z ę k j y

_____

4) r a g w a

_____

5) p o y s t

_____

6) c c c ę ł z ś i a a i

_____

7) t u s a

_____

Word Scramble #38 - Parts of the Body

1) r ę a s z

_____

2) g m z ò

_____

3) ś ę i a a c ł z i c c

_____

4) u o ł c p

_____

5) o g w ł a

_____

6) ę z k j y

_____

7) z b ą

_____

Word Scramble #39 - Parts of the Body

1) a s t p o

_____

2) r e w b

_____

3) ł o e k ć i

_____

4) h z r b c u

_____

5) o s n

_____

6) a w t s

_____

7) b z ą

_____

Word Scramble #40 - Parts of the Body

1) m ę i r a

_____

2) a w r a g

_____

3) k t k o a s

_____

4) ł o a c i

_____

5) z w t r a

_____

6) o g n a

_____

7) d n t a e s a g k r

_____

Welcome to the
Word Quizzes section!

For each category, there are 5 quizzes, and each quiz has 10 questions.

You must choose the best match for the word given.

Word Quiz #1 - Animals

Choose the best English word to match the Polish word.

1) królik
   a) panther
   b) anteater
   c) rabbit
   d) zebra

2) wiewiórka
   a) sheep
   b) squirrel
   c) porcupine
   d) koala

3) szczur
   a) gazelle
   b) rat
   c) baboon
   d) cow

4) lis
   a) gorilla
   b) koala
   c) mouse
   d) fox

5) świnia
   a) anteater
   b) mouse
   c) pig
   d) buffalo

6) koń
   a) horse
   b) koala
   c) lion
   d) buffalo

7) goryl
   a) gorilla
   b) horse
   c) chipmunk
   d) rhinoceros

8) panda
   a) kangaroo
   b) panda
   c) hyena
   d) aardvark

9) owca
   a) sheep
   b) cat
   c) rhinoceros
   d) tortoise

10) zwierzę
   a) camel
   b) toad
   c) animal
   d) panther

Word Quiz #2 - Animals

Choose the best English word to match the Polish word.

1) pancernik
   a) porcupine
   b) armadillo
   c) bobcat
   d) giraffe

2) zebra
   a) camel
   b) chipmunk
   c) porcupine
   d) zebra

3) pies
   a) bear
   b) dog
   c) tortoise
   d) rat

4) jeżozwierz
   a) porcupine
   b) tortoise
   c) monkey
   d) tiger

5) żyrafa
   a) tortoise
   b) monkey
   c) giraffe
   d) snake

6) niedźwiedź
   a) dog
   b) pig
   c) bear
   d) mule

7) wąż
   a) frog
   b) lynx
   c) snake
   d) jaguar

8) jaguar
   a) buffalo
   b) jaguar
   c) porcupine
   d) camel

9) koza
   a) giraffe
   b) leopard
   c) camel
   d) goat

10) owca
   a) elephant
   b) cat
   c) sheep
   d) baboon

Word Quiz #3 - Animals

Choose the best English word to match the Polish word.

1) tygrys
 a) monkey
 b) tiger
 c) panther
 d) camel

2) wąż
 a) snake
 b) kangaroo
 c) armadillo
 d) sheep

3) lampart
 a) deer
 b) armadillo
 c) leopard
 d) badger

4) nosorożec
 a) rhinoceros
 b) donkey
 c) cheetah
 d) wolf

5) owca
 a) goat
 b) sheep
 c) bobcat
 d) rabbit

6) hiena
 a) camel
 b) hyena
 c) cheetah
 d) baboon

7) osioł
 a) donkey
 b) aardvark
 c) buffalo
 d) tiger

8) gazela
 a) buffalo
 b) gazelle
 c) toad
 d) beaver

9) mrównik
 a) lynx
 b) aardvark
 c) pig
 d) squirrel

10) hipototam
 a) hippopotamus
 b) mule
 c) rat
 d) snake

Word Quiz #4 - Animals

Choose the best Polish word to match the English word.

1) dog
- a) pies
- b) osioł
- c) mrówkojad
- d) hipototam

2) hyena
- a) słoń
- b) gepard
- c) nosorożec
- d) hiena

3) badger
- a) niedźwiedź
- b) borsuk
- c) pancernik
- d) koza

4) elephant
- a) słoń
- b) goryl
- c) jaguar
- d) kuguar

5) alligator
- a) aligator
- b) zwierzę
- c) mysz
- d) jeleń

6) fox
- a) osioł
- b) pancernik
- c) lis
- d) ryś rudy

7) kangaroo
- a) kangur
- b) koza
- c) jaguar
- d) bawół

8) rat
- a) nosorożec
- b) słoń
- c) pancernik
- d) szczur

9) koala
- a) koala
- b) bawół
- c) goryl
- d) wąż

10) zebra
- a) byk
- b) hipototam
- c) zebra
- d) goryl

Word Quiz #5 - Animals

Choose the best Polish word to match the English word.

1) panda
- a) owca
- b) goryl
- c) borsuk
- d) panda

2) crocodile
- a) osioł
- b) krokodyl
- c) pawian
- d) zwierzę

3) goat
- a) żyrafa
- b) koza
- c) bawół
- d) aligator

4) cheetah
- a) kangur
- b) niedźwiedź
- c) gepard
- d) bawół

5) hyena
- a) jeżozwierz
- b) żółw
- c) borsuk
- d) hiena

6) cow
- a) żyrafa
- b) pawian
- c) bawół
- d) krowa

7) elephant
- a) gazela
- b) pies
- c) szczur
- d) słoń

8) llama
- a) lama
- b) bawół
- c) ryś rudy
- d) szczur

9) wolf
- a) krokodyl
- b) wilk
- c) borsuk
- d) mrównik

10) lynx
- a) mysz
- b) ryś
- c) lew
- d) pręgowiec

Word Quiz #6 - Around the House

Choose the best English word to match the Polish word.

1) krzesło
- a) chair
- b) cup
- c) roof
- d) freezer

2) lodówka
- a) refrigerator
- b) blanket
- c) glass
- d) cabinet

3) popielniczka
- a) ashtray
- b) roof
- c) shower curtain
- d) mirror

4) biblioteczka
- a) bookcase
- b) refrigerator
- c) bowl
- d) staircase

5) kredens
- a) tin
- b) refrigerator
- c) dresser
- d) lamp

6) kurek
- a) tap
- b) fork
- c) bed
- d) picture

7) szklanka
- a) pot
- b) picture
- c) vase
- d) glass

8) miska
- a) bowl
- b) stove
- c) picture
- d) purse

9) półka
- a) washing machine
- b) spoon
- c) refrigerator
- d) shelf

10) obraz
- a) picture
- b) drawer
- c) tap
- d) tin

Word Quiz #7 - Around the House

Choose the best English word to match the Polish word.

1) półka
 a) house
 b) coffee pot
 c) shelf
 d) drawer

2) pralka
 a) stove
 b) roof
 c) shower curtain
 d) washing machine

3) suszarka
 a) drawer
 b) frying pan
 c) floor
 d) drier

4) meble
 a) bag
 b) table
 c) vase
 d) furniture

5) lampa
 a) cabinet
 b) freezer
 c) lamp
 d) image

6) danie
 a) floor
 b) dish
 c) water
 d) pot

7) budzik
 a) alarm clock
 b) wall
 c) bowl
 d) tap

8) zamrażarka
 a) bed
 b) freezer
 c) cabinet
 d) stove

9) kosz na śmieci
 a) chair
 b) bowl
 c) rubbish can
 d) house

10) zasłonka od prysznica
 a) dishwasher
 b) coffee pot
 c) shower curtain
 d) wallet

Word Quiz #8 - Around the House

Choose the best English word to match the Polish word.

1) talerz
a) kitchen
b) plate
c) refrigerator
d) curtain

2) woda
a) water
b) mirror
c) roof
d) radio

3) nóż
a) knife
b) kettle
c) toilet
d) rubbish bag

4) kosz na śmieci
a) image
b) staircase
c) kitchen
d) rubbish can

5) drzwi
a) water
b) door
c) dishwasher
d) loo

6) filiżanka
a) house
b) cup
c) staircase
d) picture

7) kieliszek
a) frying pan
b) table
c) vase
d) drinking glass

8) portmonetka
a) purse
b) pail
c) cabinet
d) tap

9) kuchnia
a) painting
b) furniture
c) kitchen
d) wall

10) okno
a) fork
b) shower curtain
c) drier
d) window

Word Quiz #9 - Around the House

Choose the best Polish word to match the English word.

1) alarm clock
a) kocioł
b) butelka
c) budzik
d) biblioteczka

2) cup
a) portfel
b) filiżanka
c) dywan
d) szklanka

3) glass
a) szklanka
b) szafka
c) drzwi
d) mydło

4) mixer
a) ściana
b) mikser
c) sufit
d) puszka

5) picture
a) kieliszek
b) prysznic
c) obraz
d) pralka

6) torch
a) latarka
b) filiżanka
c) prześcieradło
d) ściana

7) fork
a) obraz
b) wanna
c) torba
d) widelec

8) telephone
a) telefon
b) toster
c) butelka
d) danie

9) blanket
a) koc
b) torba
c) widelec
d) stół

10) painting
a) torba
b) miska
c) mikser
d) obraz

Word Quiz #10 - Around the House

Choose the best Polish word to match the English word.

1) sheet
- a) prześcieradło
- b) szafka
- c) dzbanek do kawy
- d) koc

2) shower
- a) filiżanka
- b) pudełko
- c) prysznic
- d) miotła

3) toaster
- a) portfel
- b) torba
- c) zasłonka od prysznica
- d) toster

4) wall
- a) zmywarka
- b) dom
- c) kredens
- d) ściana

5) toilet
- a) toaleta
- b) serwetka
- c) nóż
- d) dzbanek do kawy

6) bath (tub)
- a) szklanka
- b) wanna
- c) telewizor
- d) toster

7) wallet
- a) portfel
- b) szuflada
- c) czajnik
- d) obraz

8) box
- a) łóżko
- b) woda
- c) pudełko
- d) wazon

9) carpet
- a) zegar
- b) dom
- c) lodówka
- d) dywan

10) window
- a) kuchnia
- b) obraz
- c) okno
- d) szuflada

Word Quiz #11 - Clothing

Choose the best English word to match the Polish word.

1) gorset
 a) umbrella
 b) hiking boots
 c) corset
 d) overalls

2) zamek błyskawiczny
 a) shirt
 b) zip
 c) jumpsuit
 d) bathing suit

3) majtki
 a) briefs
 b) bra
 c) slippers
 d) pyjamas

4) bikini
 a) shirt
 b) dress
 c) overcoat
 d) bikini

5) buty trekkingowe
 a) briefs
 b) glove
 c) hiking boots
 d) coat

6) tenisówki
 a) hiking boots
 b) slippers
 c) overcoat
 d) running shoes

7) kardigan
 a) overalls
 b) cardigan
 c) socks
 d) jumper

8) garnitur
 a) dressing gown
 b) suit
 c) dress
 d) briefs

9) skarpetki
 a) dress
 b) socks
 c) gloves
 d) coat

10) pasek
 a) stockings
 b) cap
 c) belt
 d) waistcoat

Word Quiz #12 - Clothing

Choose the best English word to match the Polish word.

1) sukienka
a) dress
b) skirt
c) jeans
d) slippers

2) krawat
a) suit
b) dressing gown
c) necktie
d) sweatshirt

3) bluza
a) necktie
b) sweatshirt
c) tights
d) pyjamas

4) czapka
a) dress
b) suit
c) necktie
d) cap

5) ubranie
a) briefs
b) cardigan
c) bra
d) clothes

6) pończochy
a) stockings
b) running shoes
c) socks
d) umbrella

7) spodnie
a) belt
b) necktie
c) blouse
d) trousers

8) T-shirt
a) jacket
b) T-shirt
c) bra
d) jumpsuit

9) buty trekkingowe
a) jeans
b) hiking boots
c) size
d) cardigan

10) kapcie
a) sandals
b) slippers
c) belt
d) zip

Word Quiz #13 - Clothing

Choose the best English word to match the Polish word.

1) kapcie
a) hat
b) slippers
c) dress
d) jeans

2) szalik
a) T-shirt
b) hiking boots
c) coat
d) scarf

3) sukienka
a) waistcoat
b) trousers
c) dress
d) slippers

4) rajstopy
a) blouse
b) tights
c) skirt
d) sweatshirt

5) szlafrok
a) dressing gown
b) suit
c) jumpsuit
d) overcoat

6) tenisówki
a) trousers
b) running shoes
c) knickers
d) size

7) parasol
a) umbrella
b) corset
c) jeans
d) briefs

8) pończochy
a) gloves
b) stockings
c) necktie
d) bikini

9) majtki
a) cap
b) umbrella
c) knickers
d) briefs

10) rozmiar
a) knickers
b) size
c) T-shirt
d) jeans

Word Quiz #14 - Clothing

Choose the best Polish word to match the English word.

1) T-shirt
a) T-shirt
b) krawat
c) garnitur
d) gorset

2) suit
a) T-shirt
b) skarpetki
c) garnitur
d) zamek błyskawiczny

3) hiking boots
a) majtki
b) płaszcz
c) chusteczka
d) buty trekkingowe

4) skirt
a) kapcie
b) strój kąpielowy
c) spódnica
d) muszka

5) gloves
a) rękawice
b) płaszcz
c) rękawiczka
d) bikini

6) tights
a) kurtka
b) rajstopy
c) krawat
d) czapka

7) dressing gown
a) bluza
b) sandały
c) szlafrok
d) biustonosz

8) trousers
a) ogrodniczki
b) spodnie
c) rękawiczka
d) tenisówki

9) dress
a) garnitur
b) pończochy
c) sukienka
d) rozmiar

10) pyjamas
a) piżama
b) parasol
c) koszula
d) kurtka

Word Quiz #15 - Clothing

Choose the best Polish word to match the English word.

1) umbrella
   a) T-shirt
   b) ubranie
   c) bluzka
   d) parasol

2) cap
   a) bluzka
   b) piżama
   c) czapka
   d) biustonosz

3) overalls
   a) spodnie
   b) szalik
   c) pończochy
   d) ogrodniczki

4) dress
   a) spódnica
   b) kapelusz
   c) sukienka
   d) koszula

5) knickers
   a) płaszcz
   b) piżama
   c) majtki
   d) parasol

6) hat
   a) bluza
   b) spódnica
   c) kapelusz
   d) koszula

7) necktie
   a) krawat
   b) tenisówki
   c) kurtka
   d) rękawiczka

8) bow tie
   a) muszka
   b) tenisówki
   c) sandały
   d) pończochy

9) belt
   a) szlafrok
   b) pasek
   c) pończochy
   d) ogrodniczki

10) slippers
   a) kapcie
   b) piżama
   c) muszka
   d) rękawiczka

Word Quiz #16 - Colours

Choose the best English word to match the Polish word.

1) różowy
a) grey
b) maroon
c) colour
d) pink

2) czarny
a) brown
b) maroon
c) blue
d) black

3) beżowy
a) red
b) dark
c) green
d) beige

4) ciemny
a) bright
b) red
c) yellow
d) dark

5) bordowy
a) pink
b) red
c) colour
d) maroon

6) pomarańczowy
a) beige
b) green
c) maroon
d) orange

7) czerwony
a) brown
b) colour
c) red
d) orange

8) jasny
a) bright
b) yellow
c) blond
d) maroon

9) biały
a) white
b) orange
c) purple
d) grey

10) zielony
a) green
b) brown
c) yellow
d) maroon

Word Quiz #17 - Colours

Choose the best English word to match the Polish word.

1) biały
   a) white
   b) dark
   c) brown
   d) black

2) czarny
   a) blond
   b) orange
   c) black
   d) colour

3) żółty
   a) pink
   b) colour
   c) yellow
   d) white

4) zielony
   a) green
   b) yellow
   c) purple
   d) brown

5) bordowy
   a) maroon
   b) pink
   c) blue
   d) yellow

6) ciemny
   a) dark
   b) maroon
   c) colour
   d) grey

7) beżowy
   a) beige
   b) orange
   c) grey
   d) yellow

8) brązowy
   a) beige
   b) blue
   c) pink
   d) brown

9) pomarańczowy
   a) blue
   b) orange
   c) colour
   d) pink

10) niebieski
   a) red
   b) purple
   c) blue
   d) orange

Word Quiz #18 - Colours

Choose the best English word to match the Polish word.

1) zielony
   a) dark
   b) orange
   c) green
   d) grey

2) fioletowy
   a) beige
   b) brown
   c) green
   d) purple

3) blond
   a) blond
   b) black
   c) bright
   d) white

4) beżowy
   a) colour
   b) blue
   c) green
   d) beige

5) różowy
   a) brown
   b) pink
   c) bright
   d) purple

6) czerwony
   a) pink
   b) brown
   c) white
   d) red

7) czarny
   a) brown
   b) black
   c) purple
   d) blue

8) szary
   a) yellow
   b) grey
   c) colour
   d) blond

9) ciemny
   a) dark
   b) bright
   c) colour
   d) maroon

10) niebieski
   a) blue
   b) dark
   c) grey
   d) white

Word Quiz #19 - Colours

Choose the best Polish word to match the English word.

1) white
- a) zielony
- b) biały
- c) niebieski
- d) beżowy

2) colour
- a) kolor
- b) żółty
- c) niebieski
- d) różowy

3) dark
- a) pomarańczowy
- b) zielony
- c) ciemny
- d) blond

4) blue
- a) pomarańczowy
- b) żółty
- c) beżowy
- d) niebieski

5) red
- a) kolor
- b) czerwony
- c) niebieski
- d) czarny

6) beige
- a) czerwony
- b) żółty
- c) beżowy
- d) brązowy

7) grey
- a) szary
- b) fioletowy
- c) czerwony
- d) ciemny

8) yellow
- a) bordowy
- b) czarny
- c) brązowy
- d) żółty

9) pink
- a) beżowy
- b) różowy
- c) żółty
- d) biały

10) black
- a) czarny
- b) żółty
- c) fioletowy
- d) różowy

Word Quiz #20 - Colours

Choose the best Polish word to match the English word.

1) bright
   a) czerwony
   b) jasny
   c) zielony
   d) beżowy

2) grey
   a) różowy
   b) bordowy
   c) blond
   d) szary

3) colour
   a) biały
   b) niebieski
   c) zielony
   d) kolor

4) maroon
   a) niebieski
   b) czerwony
   c) bordowy
   d) żółty

5) white
   a) biały
   b) ciemny
   c) kolor
   d) jasny

6) green
   a) pomarańczowy
   b) blond
   c) beżowy
   d) zielony

7) beige
   a) czerwony
   b) beżowy
   c) fioletowy
   d) biały

8) yellow
   a) biały
   b) różowy
   c) żółty
   d) blond

9) pink
   a) różowy
   b) fioletowy
   c) niebieski
   d) ciemny

10) orange
   a) kolor
   b) jasny
   c) bordowy
   d) pomarańczowy

Word Quiz #21 - Days, Months, Seasons

Choose the best English word to match the Polish word.

1) maj
   a) Saturday
   b) February
   c) May
   d) summer

2) luty
   a) July
   b) Monday
   c) Thursday
   d) February

3) grudzień
   a) March
   b) December
   c) day
   d) November

4) sobota
   a) Thursday
   b) month
   c) Saturday
   d) January

5) środa
   a) Wednesday
   b) summer
   c) May
   d) spring

6) sierpień
   a) Friday
   b) August
   c) January
   d) September

7) dzień
   a) day
   b) Friday
   c) November
   d) Wednesday

8) wrzesień
   a) March
   b) Thursday
   c) April
   d) September

9) kwiecień
   a) April
   b) Tuesday
   c) Friday
   d) November

10) lato
   a) October
   b) summer
   c) July
   d) Wednesday

Word Quiz #22 - Days, Months, Seasons

Choose the best English word to match the Polish word.

1) sezon
   a) season
   b) day
   c) Tuesday
   d) May

2) październik
   a) autumn
   b) October
   c) Thursday
   d) July

3) marzec
   a) Saturday
   b) May
   c) March
   d) day

4) wrzesień
   a) February
   b) December
   c) July
   d) September

5) lato
   a) season
   b) autumn
   c) summer
   d) July

6) niedziela
   a) May
   b) Thursday
   c) Sunday
   d) Friday

7) luty
   a) July
   b) April
   c) February
   d) January

8) jesień
   a) autumn
   b) August
   c) Saturday
   d) Tuesday

9) zima
   a) June
   b) Saturday
   c) day
   d) winter

10) wiosna
   a) spring
   b) Thursday
   c) December
   d) September

Word Quiz #23 - Days, Months, Seasons
Choose the best English word to match the Polish word.

1) listopad
   a) June
   b) November
   c) September
   d) April

2) sobota
   a) Saturday
   b) autumn
   c) spring
   d) July

3) czwartek
   a) Thursday
   b) Friday
   c) August
   d) autumn

4) czerwiec
   a) November
   b) February
   c) Wednesday
   d) June

5) wiosna
   a) October
   b) spring
   c) May
   d) August

6) jesień
   a) Monday
   b) Wednesday
   c) autumn
   d) April

7) sierpień
   a) Thursday
   b) Monday
   c) August
   d) summer

8) styczeń
   a) Monday
   b) Wednesday
   c) January
   d) July

9) luty
   a) February
   b) August
   c) July
   d) May

10) lato
   a) May
   b) November
   c) summer
   d) September

Word Quiz #24 - Days, Months, Seasons

Choose the best Polish word to match the English word.

1) autumn
- a) sezon
- b) jesień
- c) grudzień
- d) poniedziałek

2) August
- a) sierpień
- b) jesień
- c) zima
- d) kwiecień

3) May
- a) wrzesień
- b) maj
- c) luty
- d) sezon

4) Wednesday
- a) styczeń
- b) dzień
- c) wrzesień
- d) środa

5) Thursday
- a) kwiecień
- b) maj
- c) czerwiec
- d) czwartek

6) season
- a) czerwiec
- b) sezon
- c) czwartek
- d) poniedziałek

7) December
- a) wiosna
- b) październik
- c) miesiąc
- d) grudzień

8) spring
- a) luty
- b) wiosna
- c) lipiec
- d) jesień

9) month
- a) czerwiec
- b) lato
- c) zima
- d) miesiąc

10) September
- a) wiosna
- b) wrzesień
- c) zima
- d) miesiąc

Word Quiz #25 - Days, Months, Seasons
Choose the best Polish word to match the English word.

1) autumn
- a) wrzesień
- b) marzec
- c) jesień
- d) wiosna

2) May
- a) poniedziałek
- b) maj
- c) zima
- d) lato

3) summer
- a) sezon
- b) środa
- c) lato
- d) grudzień

4) month
- a) miesiąc
- b) grudzień
- c) styczeń
- d) sobota

5) Monday
- a) poniedziałek
- b) jesień
- c) niedziela
- d) marzec

6) season
- a) lipiec
- b) marzec
- c) sezon
- d) grudzień

7) February
- a) styczeń
- b) sezon
- c) dzień
- d) luty

8) September
- a) czwartek
- b) wrzesień
- c) wtorek
- d) sobota

9) August
- a) miesiąc
- b) wtorek
- c) niedziela
- d) sierpień

10) October
- a) lipiec
- b) marzec
- c) zima
- d) październik

Word Quiz #26 - Family

Choose the best English word to match the Polish word.

1) rodzice
- a) dad
- b) parents
- c) stepsister
- d) nephew

2) panna młoda
- a) relatives
- b) parents
- c) bride
- d) husband

3) rodzic
- a) stepbrother
- b) cousin
- c) mum
- d) parent

4) siostrzeniec
- a) relatives
- b) stepson
- c) nephew
- d) daughter

5) córka
- a) aunt
- b) dad
- c) daughter
- d) parents

6) ojciec
- a) family
- b) parents
- c) father
- d) grandfather

7) babcia
- a) son
- b) relative
- c) cousin
- d) grandmother

8) wnuk
- a) nephew
- b) grandchild
- c) son
- d) stepsister

9) siostra
- a) stepfather
- b) brother
- c) sister
- d) nephew

10) przyrodnia siostra
- a) bride
- b) stepsister
- c) parents
- d) brother

Word Quiz #27 - Family

Choose the best English word to match the Polish word.

1) macocha
   a) stepsister
   b) stepmother
   c) grandchild
   d) mother

2) rodzina
   a) stepfather
   b) husband
   c) wife
   d) family

3) wnuk
   a) dad
   b) family
   c) grandchild
   d) stepson

4) krewny
   a) son
   b) relative
   c) nephew
   d) cousin

5) mama
   a) relative
   b) grandchild
   c) mother
   d) mum

6) pasierb
   a) nephew
   b) niece
   c) stepson
   d) brother

7) siostrzenica
   a) father
   b) cousin
   c) niece
   d) parent

8) przyrodnia siostra
   a) stepsister
   b) niece
   c) relative
   d) wife

9) siostrzeniec
   a) relative
   b) family
   c) stepfather
   d) nephew

10) siostra
   a) son
   b) sister
   c) parent
   d) parents

Word Quiz #28 - Family

Choose the best English word to match the Polish word.

1) ciocia
a) aunt
b) parent
c) stepdaughter
d) stepmother

2) wuj
a) uncle
b) grandchild
c) stepson
d) nephew

3) syn
a) son
b) mother
c) sister
d) grandfather

4) dziadek
a) cousin
b) sister
c) mum
d) grandfather

5) panna młoda
a) relatives
b) family
c) cousin
d) bride

6) siostrzeniec
a) family
b) parent
c) nephew
d) stepmother

7) ojciec
a) aunt
b) relative
c) sister
d) father

8) mama
a) parents
b) bride
c) grandfather
d) mum

9) krewny
a) brother
b) relative
c) nephew
d) stepbrother

10) pasierbica
a) stepdaughter
b) mother
c) stepfather
d) stepsister

Word Quiz #29 - Family

Choose the best Polish word to match the English word.

1) father
   a) ojciec
   b) syn
   c) macocha
   d) siostrzeniec

2) daughter
   a) córka
   b) siostra
   c) mama
   d) syn

3) stepfather
   a) kuzyn
   b) żona
   c) ojczym
   d) siostra

4) brother
   a) brat
   b) wuj
   c) pasierb
   d) ojczym

5) grandchild
   a) wnuk
   b) mama
   c) ciocia
   d) krewny

6) mother
   a) matka
   b) wuj
   c) babcia
   d) mama

7) stepbrother
   a) mąż
   b) rodzice
   c) przyrodni brat
   d) pasierbica

8) wife
   a) siostrzenica
   b) krewni
   c) żona
   d) pasierb

9) dad
   a) siostrzeniec
   b) babcia
   c) córka
   d) tata

10) grandmother
   a) kuzyn
   b) babcia
   c) pasierb
   d) ojczym

Word Quiz #30 - Family

Choose the best Polish word to match the English word.

1) family
- a) tata
- b) wuj
- c) ojciec
- d) rodzina

2) stepbrother
- a) ciocia
- b) przyrodnia siostra
- c) babcia
- d) przyrodni brat

3) mother
- a) matka
- b) kuzyn
- c) żona
- d) pasierb

4) mum
- a) siostrzeniec
- b) dziadek
- c) przyrodni brat
- d) mama

5) grandmother
- a) krewny
- b) babcia
- c) siostrzeniec
- d) córka

6) son
- a) babcia
- b) panna młoda
- c) syn
- d) matka

7) daughter
- a) ojczym
- b) córka
- c) przyrodni brat
- d) kuzyn

8) stepson
- a) macocha
- b) krewny
- c) pasierb
- d) siostrzeniec

9) grandfather
- a) przyrodnia siostra
- b) przyrodni brat
- c) dziadek
- d) krewni

10) parents
- a) rodzice
- b) przyrodnia siostra
- c) przyrodni brat
- d) wuj

Word Quiz #31 - Numbers
Choose the best English word to match the Polish word.

1) osiemdziesiąt
  a) eighty
  b) fourteen
  c) one billion
  d) seventy

2) jeden milion
  a) twenty
  b) one hundred
  c) one million
  d) nineteen

3) siedemdziesiąt
  a) five
  b) seventy
  c) nine hundred
  d) seventeen

4) dwieście
  a) two hundred
  b) seventeen
  c) one thousand
  d) six

5) dwadzieścia
  a) nine hundred
  b) one billion
  c) twenty
  d) fifty

6) siedem
  a) seven
  b) four
  c) one
  d) eleven

7) siedemnaście
  a) seventy
  b) fifteen
  c) ten
  d) seventeen

8) pięćset
  a) eight
  b) eight hundred
  c) twenty
  d) five hundred

9) numer
  a) four hundred
  b) five
  c) fifteen
  d) number

10) jedenaście
  a) nine hundred
  b) seven
  c) eleven
  d) eight hundred

Word Quiz #32 - Numbers

Choose the best English word to match the Polish word.

1) pięc
- a) number
- b) forty
- c) one million
- d) five

2) dwa
- a) two
- b) seventy
- c) one million
- d) seven

3) trzy
- a) one
- b) number
- c) seven
- d) three

4) zero
- a) sixteen
- b) zero
- c) six hundred
- d) forty

5) dziewięć
- a) forty
- b) nine
- c) eight
- d) three hundred

6) dziewiętnaście
- a) fourteen
- b) nineteen
- c) eighty
- d) six hundred

7) osiem
- a) eight
- b) nine hundred
- c) thirteen
- d) seventeen

8) piętnaście
- a) fifteen
- b) five hundred
- c) fourteen
- d) thirty

9) siedemnaście
- a) seventeen
- b) nine
- c) nineteen
- d) one million

10) dwieście
- a) eleven
- b) two hundred
- c) number
- d) seven hundred

Word Quiz #33 - Numbers

Choose the best English word to match the Polish word.

1) pięc
   a) eight
   b) nineteen
   c) five
   d) forty

2) jeden bilion
   a) one billion
   b) six
   c) ninety
   d) number

3) sześćdziesiąt
   a) nineteen
   b) sixty
   c) three hundred
   d) thirteen

4) numer
   a) three
   b) number
   c) forty
   d) thirteen

5) siedemset
   a) five hundred
   b) seven hundred
   c) twelve
   d) number

6) jeden
   a) thirty
   b) two
   c) one
   d) one thousand

7) siedem
   a) one hundred
   b) seven
   c) two hundred
   d) eighteen

8) dwa
   a) four
   b) two
   c) one thousand
   d) zero

9) pięćdziesiąt
   a) three
   b) one hundred
   c) fifty
   d) sixteen

10) dziesięć
   a) eleven
   b) one
   c) ten
   d) sixty

Word Quiz #34 - Numbers

Choose the best Polish word to match the English word.

1) twenty
   a) dwanaście
   b) sześć
   c) trzysta
   d) dwadzieścia

2) eight
   a) dwieście
   b) osiem
   c) siedem
   d) trzysta

3) sixty
   a) sześćdziesiąt
   b) pięc
   c) trzy
   d) piętnaście

4) five hundred
   a) jeden milion
   b) pięćset
   c) dwa
   d) sześćdziesiąt

5) seventeen
   a) sześćdziesiąt
   b) trzysta
   c) siedemnaście
   d) dziewięć

6) thirty
   a) dziewięć
   b) sześć
   c) jeden bilion
   d) trzydzieści

7) one billion
   a) jeden bilion
   b) sześćdziesiąt
   c) sto
   d) szesnaście

8) zero
   a) siedem
   b) trzynaście
   c) zero
   d) dwadzieścia

9) three
   a) dziewiętnaście
   b) osiem
   c) zero
   d) trzy

10) nineteen
   a) zero
   b) dziewiętnaście
   c) piętnaście
   d) pięc

Word Quiz #35 - Numbers

Choose the best Polish word to match the English word.

1) eight hundred
   a) osiemset
   b) piętnaście
   c) czterysta
   d) pięc

2) eleven
   a) dziewięć
   b) trzynaście
   c) jeden bilion
   d) jedenaście

3) number
   a) dziesięć
   b) jeden bilion
   c) numer
   d) siedemset

4) one million
   a) sześć
   b) jeden milion
   c) cztery
   d) osiemdziesiąt

5) ten
   a) dziesięć
   b) szesnaście
   c) czterysta
   d) osiemdziesiąt

6) six
   a) sześć
   b) dwadzieścia
   c) dziewięćdziesiąt
   d) osiem

7) twelve
   a) osiem
   b) osiemdziesiąt
   c) dwanaście
   d) sześćdziesiąt

8) one hundred
   a) jeden bilion
   b) osiemnaście
   c) sto
   d) dziewięćset

9) forty
   a) dwadzieścia
   b) jeden bilion
   c) dziesięć
   d) czterdzieści

10) six hundred
   a) siedem
   b) osiemset
   c) pięc
   d) sześćset

Word Quiz #36 - Parts of the Body

Choose the best English word to match the Polish word.

1) ramię
   a) jaw
   b) arm
   c) teeth
   d) foot

2) broda
   a) thumb
   b) bladder
   c) parts of the body
   d) chin

3) szczęka
   a) neck
   b) muscle
   c) iris
   d) jaw

4) tęczówka
   a) cheek
   b) face
   c) iris
   d) muscle

5) nerw
   a) hair
   b) artery
   c) nerve
   d) back

6) części ciała
   a) finger
   b) parts of the body
   c) appendix
   d) liver

7) nadgarstek
   a) shoulder
   b) toe
   c) joint
   d) wrist

8) zęby
   a) teeth
   b) mouth
   c) breast
   d) finger

9) gardło
   a) wrist
   b) joint
   c) throat
   d) body

10) rzęsa
   a) fingernail
   b) eyelash
   c) face
   d) rib

Word Quiz #37 - Parts of the Body
Choose the best English word to match the Polish word.

1) palec
 a) jaw
 b) fingernail
 c) finger
 d) vein

2) włosy
 a) hair
 b) neck
 c) jaw
 d) parts of the body

3) talia
 a) thumb
 b) waist
 c) neck
 d) hip

4) kciuk
 a) bone
 b) nerve
 c) thumb
 d) thigh

5) ciało
 a) leg
 b) body
 c) thigh
 d) iris

6) ramię
 a) arm
 b) lip
 c) moustache
 d) freckles

7) nerw
 a) nerve
 b) heart
 c) tooth
 d) knuckle

8) warga
 a) lip
 b) bone
 c) face
 d) toe

9) palec u nogi
 a) jaw
 b) elbow
 c) fist
 d) toe

10) wątroba
 a) fist
 b) liver
 c) skin
 d) heart

Word Quiz #38 - Parts of the Body

Choose the best English word to match the Polish word.

1) broda
- a) vein
- b) hip
- c) nerve
- d) beard

2) skóra
- a) joint
- b) parts of the body
- c) skin
- d) mouth

3) wąsy
- a) knee
- b) moustache
- c) ankle
- d) freckles

4) gruczoł
- a) elbow
- b) tonsils
- c) gland
- d) hand

5) zęby
- a) eye
- b) head
- c) liver
- d) teeth

6) tęczówka
- a) skin
- b) tongue
- c) thumb
- d) iris

7) kostka
- a) rib
- b) nerve
- c) foot
- d) knuckle

8) rzęsa
- a) tonsils
- b) eyelash
- c) forehead
- d) hand

9) szyja
- a) hair
- b) belly
- c) neck
- d) tonsils

10) noga
- a) freckles
- b) nerve
- c) head
- d) leg

Word Quiz #39 - Parts of the Body

Choose the best Polish word to match the English word.

1) belly
a) staw
b) kręgosłup
c) brzuch
d) wątroba

2) thumb
a) migdały
b) kciuk
c) rzęsa
d) staw

3) hip
a) stopa
b) biodro
c) skóra
d) kostka

4) shoulder
a) bark
b) włosy
c) głowa
d) ścięgno

5) eyebrow
a) brew
b) mòzg
c) wąsy
d) ramię

6) feet
a) kostka
b) stopy
c) usta
d) czoło

7) fist
a) nos
b) pięść
c) brew
d) broda

8) lip
a) talia
b) warga
c) brew
d) żołądek

9) parts of the body
a) gruczoł
b) kciuk
c) ręka
d) części ciała

10) bladder
a) mòzg
b) pęcherz
c) kciuk
d) żyła

Word Quiz #40 - Parts of the Body

Choose the best Polish word to match the English word.

1) kidney
   a) biodro
   b) serce
   c) nerka
   d) krew

2) beard
   a) broda
   b) gardło
   c) oko
   d) kręgosłup

3) blood
   a) żebro
   b) kręgosłup
   c) krew
   d) noga

4) rib
   a) żołądek
   b) talia
   c) skóra
   d) żebro

5) finger
   a) serce
   b) palec
   c) biodro
   d) głowa

6) waist
   a) język
   b) talia
   c) warga
   d) paznokieć

7) throat
   a) biodro
   b) pierś
   c) ucho
   d) gardło

8) gland
   a) krew
   b) pięść
   c) mòzg
   d) gruczoł

9) tooth
   a) serce
   b) ząb
   c) płuco
   d) talia

10) hip
   a) stopy
   b) biodro
   c) żyła
   d) wąsy

Welcome to the
hints and solutions section!

Here you can find the solutions to the word search puzzles, hints and solutions for the word scrambles, and answers to the quizzes.

Word Search Solution #1

j	t	**g**	**o**	**r**	**y**	**l**	p	r	p	**t**	**o**	**k**	ń	ż	l	ń
p	c	**d**	**ą**	**ł**	**b**	**l**	**e**	**i**	**w**	b	h	**k**	**k**	i	ó	b
m	**r**	**ó**	**w**	**n**	**i**	**k**	s	j	z	k	**i**	**i**	w	a	ń	ź
ę	p	l	f	t	c	**h**	ż	r	ń	**l**	**n**	k	**l**	i	h	**p**
g	j	c	i	l	**p**	**i**	w	ź	**ó**	**r**	w	**e**	r	ś	**i**	c
c	r	g	i	**a**	**a**	**e**	**ś**	**r**	**e**	**ź**	**w**	ń	**a**	**e**	a	ę
ł	ą	ś	**n**	y	e	**n**	**k**	**c**	b	**l**	**ż**	a	**s**	**z**	ę	ż
h	i	**d**	g	h	w	**a**	n	ń	i	**a**	u	**ó**	f	ó	**o**	ż
t	**a**	ą	z	d	a	**a**	y	ż	n	**m**	d	l	**ł**	z	b	**k**
h	ź	e	ó	r	**p**	**r**	**b**	**ó**	**b**	**a**	m	ó	ł	**w**	s	w

Word Search Solution #2

n	s	**a**	**m**	**r**	**ó**	**w**	**k**	**o**	**j**	**a**	**d**	u	w	ę	**p**	**j**
k	g	h	**ś**	k	d	o	z	ł	**ż**	g	b	l	k	**r**	**e**
i	ó	**d**	**y**	**c**	s	g	p	ś	n	n	**ó**	b	z	ę	**ę**	**ż**
n	s	**r**	**y**	j	**u**	c	y	**ę**	l	**ż**	**ł**	**ł**	**ś**	y	**g**	**o**
r	m	**a**	**s**	**d**	a	**p**	z	**ę**	**y**	**ż**	ł	r	**w**	ń	**o**	**z**
e	c	**p**	c	u	**u**	**r**	**o**	**r**	p	a	y	m	**i**	l	**w**	**w**
c	**k**	**e**	y	k	**e**	**r**	**a**	**r**	c	**b**	y	g	**n**	ł	**i**	**i**
n	**o**	**g**	k	i	ż	**f**	**ś**	c	m	**a**	i	n	**i**	r	**e**	**e**
a	**z**	b	**w**	i	**a**	a	e	**y**	i	d	k	ę	**a**	ż	**c**	**r**
p	**a**	**z**	ą	r	n	j	h	y	**r**	r	r	g	ł	h	d	**z**

129

Word Search Solution #3

h	a	f	r	ź	d	e	i	w	ź	d	e	i	n	ń	g	d
ń	b	z	b	ó	ń	g	ą	ę	i	n	g	a	j	ń	g	ą
t	k	e	ó	l	a	r	b	e	z	p	a	n	d	a	j	ł
y	ź	c	b	k	i	l	ó	r	k	z	u	g	ż	n	ł	b
h	u	ś	n	u	ą	r	g	k	t	ź	r	s	h	c	a	l
m	ę	w	i	l	k	a	ń	j	ż	r	g	d	j	ź	w	e
ą	o	c	o	h	z	e	b	ż	p	a	p	ł	a	m	ą	i
t	ą	s	ó	e	l	f	ń	t	a	n	e	i	h	ń	w	w
t	w	t	l	e	ś	k	u	s	r	o	b	i	ź	o	m	m
p	e	a	j	l	k	u	l	a	m	a	ę	s	k	w	p	c

Word Search Solution #4

ń	r	c	p	r	ę	g	o	w	i	e	c	j	f	l	p	w
k	m	r	ó	w	n	i	k	ł	s	ł	o	ń	j	b	c	j
z	r	e	i	w	z	o	ż	e	j	o	m	y	s	z	j	m
d	ż	ó	c	h	p	r	r	p	r	ż	ż	z	k	o	a	r
z	z	ą	l	m	k	y	a	h	u	y	b	z	m	ł	g	ą
m	d	u	m	i	d	n	c	ą	g	r	b	i	p	ź	u	z
w	l	y	d	o	k	o	r	k	n	a	d	a	w	o	r	k
t	a	i	n	i	w	ś	a	i	a	f	ł	a	n	w	g	s
b	o	r	s	u	k	ś	g	ż	k	a	j	d	ń	d	ń	ń
o	f	r	ń	j	ń	p	w	r	y	ś	r	u	d	y	b	z

Word Search Solution #5

```
j c r ń ł i ł ź a m l a h a c w o
e a y ę o r c l u g d ź ą j l ę o
ż p ś p a o e ń ą n a n l t f ń ź
o ł r d ó z ż ó a z r y a ę g i ź
z a u j a ż o p f ź r n r w r l y
w m d g d ę r r y o k f l a e c ó
i ł y ń m c o j g k d i j ż ę l o
e h t u ż h s r w m k u g u a r w
r u ł i ę ź o a j a g n i ę ś b d
z t c m f m n i y u k a n g u r a
```

Word Search Solution #6

```
ó w l ł ó z d o m r a z k ś ż ó n
k a b i a ą k a ż k r e r s o a m
g b m r c u ż b l f z ó n z b n j
i r b c r p e e r s w e ą c g n d
i o h e c u t o i i d n t z w a i
ł t k l n u s l p e t l f z f w m
i k ł e b i e ś r g f i n ó e h p
n r j d u i a k n a l k z s w d r
y p w i k i c e i m ś a n z s o k
m z b w p n a n o ł s a z i b w b
```

Word Search Solution #7

ś	o	b	i	b	l	i	o	t	e	c	z	k	a	ś	ż	z
d	b	ł	l	a	t	a	r	k	a	w	z	e	ś	p	k	z
ś	r	t	l	s	r	o	z	i	w	e	l	e	t	ó	m	z
b	a	o	k	ł	e	d	u	p	ż	j	y	k	p	ł	e	t
f	z	l	c	f	o	m	s	k	o	c	i	o	ł	k	b	a
p	ż	o	d	k	u	r	z	a	c	z	m	w	o	a	l	l
u	ł	r	c	i	n	z	s	y	r	p	m	g	ł	t	e	e
w	k	l	a	t	k	a	s	c	h	o	d	o	w	a	e	r
d	a	n	i	e	r	k	y	y	ą	b	k	ł	ą	z	a	z
ś	c	c	ż	ś	ą	u	h	a	p	m	a	l	i	ł	i	m

Word Search Solution #8

f	p	o	r	t	m	o	n	e	t	k	a	g	i	p	p	s
h	a	k	ż	y	ł	p	y	n	b	g	ś	g	l	ó	i	r
n	r	z	a	m	r	a	ż	a	r	k	a	d	o	w	ó	t
o	t	n	n	ó	t	p	r	z	e	ł	ą	c	z	n	i	k
f	o	b	r	a	z	t	o	a	l	e	t	a	c	l	u	ł
e	s	l	o	ł	d	a	r	e	i	c	ś	e	z	r	p	n
l	t	t	e	l	e	w	i	z	o	r	ó	t	r	u	z	h
e	e	c	z	m	y	w	a	r	k	a	c	y	s	k	l	n
t	r	l	ą	k	e	r	u	k	a	ą	w	b	c	m	h	n
i	o	k	ż	ó	ł	k	ł	o	e	m	s	b	z	e	f	h

Word Search Solution #9

y	a	ś	o	f	**z**	**a**	**r**	**b**	**o**	ą	u	r	**z**	**a**	e	ó
ż	r	z	k	s	g	l	n	**t**	**a**	ż	t	h	**c**	**n**	y	f
t	i	a	m	f	c	k	**k**	**a**	**a**	**k**	ł	ó	**u**	**n**	b	r
y	**t**	**o**	**r**	**b**	**a**	u	k	**l**	**k**	s	r	ą	**l**	**a**	e	t
m	o	r	b	ł	**r**	t	s	**e**	**f**	r	y	**a**	**k**	**w**	t	g
d	**a**	**k**	**b**	**e**	**r**	**o**	**t**	**r**	**a**	i	u	n	**w**	o	f	b
p	ś	t	**k**	z	y	c	g	**z**	**z**	b	s	d	y	**y**	y	u
j	n	**o**	**r**	**t**	**s**	**u**	**l**	d	s	m	ó	l	k	s	**m**	ó
f	**a**	**ł**	**t**	**o**	**i**	**m**	m	**s**	**z**	**u**	**f**	**l**	**a**	**d**	**a**	**z**
e	**m**	**y**	**d**	**ł**	**o**	a	j	w	e	g	a	w	**ż**	**ó**	**n**	u

Word Search Solution #10

m	**d**	**ł**	**o**	**i**	**c**	**o**	**k**	m	e	ż	o	ś	n	**c**	y	ż
f	**i**	**y**	ś	o	m	**k**	**i**	**n**	**j**	**a**	**z**	**c**	**i**	c	z	**k**
ś	ż	**o**	**w**	ó	k	e	b	u	**m**	r	**a**	**n**	n	p	**b**	**i**
k	t	w	**t**	**a**	d	i	ś	**i**	l	**d**	**z**	y	**m**	t	**u**	**e**
c	**r**	ą	ż	**ł**	n	ż	**s**	s	**o**	s	c	o	ó	f	**t**	**l**
h	**e**	p	k	o	**a**	**k**	t	**w**	**y**	e	**d**	ż	a	ą	**e**	**i**
k	**t**	**o**	**b**	**r**	**a**	**z**	h	**r**	f	b	ż	r	u	e	**l**	**s**
k	**s**	r	l	ż	p	d	**p**	n	g	f	t	ś	m	g	**k**	**z**
d	**o**	**r**	**t**	**s**	**u**	**l**	u	r	d	h	r	ż	i	ż	**a**	**e**
ż	**t**	f	**y**	**w**	**a**	**k**	**o**	**d**	**k**	**e**	**n**	**a**	**b**	**z**	**d**	**k**

Word Search Solution #11

s	ó	w	g	b	p	e	y	s	k	**s**	**w**	**e**	**t**	**e**	**r**	ą
e	**z**	**p**	**o**	**ń**	**c**	**z**	**o**	**c**	**h**	**y**	b	w	**s**	r	z	w
p	**i**	**l**	ó	w	**p**	**a**	**r**	**a**	**s**	**o**	**l**	**a**	**u**	**g**	ż	r
u	s	**n**	**a**	b	o	y	z	b	**s**	**e**	**m**	**k**	**k**	**o**	ż	a
j	ń	z	**a**	**f**	y	t	f	**b**	**a**	**i**	**a**	**z**	**i**	**r**	e	n
f	a	d	e	**r**	**r**	k	c	**i**	**n**	**n**	**j**	**u**	**e**	**s**	ą	c
u	ł	u	e	r	**b**	**o**	l	**k**	**d**	**d**	**t**	**l**	**n**	**e**	p	g
p	r	i	l	w	ł	**u**	**k**	**i**	**a**	**o**	**k**	**b**	**k**	**t**	g	h
i	o	**d**	**ż**	**i**	**n**	**s**	**y**	**n**	**ł**	**p**	**i**	**ł**	**a**	ę	s	e
r	**p**	**a**	**s**	**e**	**k**	m	d	**i**	**y**	**s**	b	k	g	ł	f	w

Word Search Solution #12

r	ó	ń	d	ż	h	ń	ł	t	z	ż	**p**	**i**	**ż**	**a**	**m**	**a**
ę	j	ł	e	**b**	**i**	**u**	**s**	**t**	**o**	**n**	**o**	**s**	**z**	h	u	ę
o	**g**	**r**	**o**	**d**	**n**	**i**	**c**	**z**	**k**	**i**	**l**	**a**	**z**	**s**	i	**c**
z	f	**k**	**p**	**a**	**r**	**a**	**s**	**o**	**l**	z	z	ł	u	y	ó	**z**
ł	s	**o**	ą	a	s	n	ż	m	j	a	**e**	k	s	n	m	**a**
b	t	**s**	**k**	**u**	**r**	**t**	**k**	**a**	g	k	ż	**i**	z	b	c	**p**
g	**l**	**z**	h	**r**	**u**	**t**	**i**	**n**	**r**	**a**	**g**	r	**c**	ż	ż	**k**
ę	s	**u**	t	r	**p**	**ł**	**a**	**s**	**z**	**c**	**z**	a	ę	**p**	r	**a**
ą	ó	**l**	**z**	ę	m	j	e	o	**b**	**l**	**u**	**z**	**k**	**a**	**a**	m
c	p	**a**	i	**a**	**d**	**ż**	**i**	**n**	**s**	**y**	n	w	n	u	o	**k**

134

Word Search Solution #13

```
p  r  ę  e  m  i  i  k  t  j  a  m  k  z  k  d  h
ł  ę  y  h  c  o  z  c  ń  o  p  ą  u  s  o  g  g
a  k  f  ł  m  s  n  ę  a  d  d  m  r  u  m  w  f
s  a  p  ń  ł  t  u  g  y  g  a  b  t  l  b  u  r
z  w  e  ó  m  k  o  s  z  u  l  a  k  e  i  b  e
c  i  a  k  z  c  e  t  s  u  h  c  a  p  n  r  t
z  c  d  a  ń  o  a  i  n  i  k  i  b  a  e  a  e
m  z  ę  w  ż  t  f  n  u  ę  u  s  e  k  z  n  w
d  k  s  p  ó  d  n  i  c  a  ó  ą  h  l  o  i  s
o  a  f  t  p  j  b  l  u  z  a  b  e  i  n  e  y
```

Word Search Solution #14

```
k  p  b  u  l  z  b  l  u  z  k  a  f  z  y  ż  y
e  r  t  z  e  k  r  e  i  n  d  o  p  s  z  t  h
s  w  l  ł  i  t  k  m  a  ń  u  i  ó  w  e  c
a  w  o  l  e  h  u  a  ż  k  m  z  e  b  i  n  o
p  l  a  s  l  r  j  k  a  p  c  i  e  o  y  i  z
y  z  r  p  t  t  s  k  a  r  p  e  t  k  i  s  c
s  o  j  k  k  ń  ó  z  c  z  s  a  ł  p  m  ó  ń
g  l  a  i  z  s  ż  w  n  e  n  w  a  ó  t  w  o
i  i  k  z  c  i  n  d  o  r  g  o  m  t  ń  k  p
w  s  p  ó  d  n  i  c  a  f  u  j  ą  y  ż  i  ń
```

Word Search Solution #15

```
s ń b u t y t r e k k i n g o w e
t ń a k t r u k l i z ą l k ę e t
n ż t s u k i e n k a l ń i ń i o
a ń k a m i z e l k a l m l o k b
g a m a ż i p e a ó b k d a z t m
i u ó f ł p f c i k s l t z m j u
d o c z a p k a s c z ą h s b a o
r b l u z a g m p a p u ą ó h m a
a k o m b i n e z o n a l c i t o
k ó i b r e t e w s i k k b e ł ż
```

Word Search Solution #16

```
y y y n s a j ó y n o w r e z c r
w t k d p ż i e ż b r ą z o w y o
o ł f ł y n i e b i e s k i ą w z
d ó r o l o k d s r m c n d w j i
r ż r z l k n b f y w o ż ó r n e
o d z i k o m k b f s z z ą l w l
b ą l m l k b i y p t ż ą ą z w o
ł s s b z k a c i e m n y d a p n
m ą w r k ł ż s y n r a z c y f y
i r o j y i y w o t e l o i f b l
```

Word Search Solution #17

ó	a	n	ó	j	**y**	**w**	**o**	**z**	**ą**	**r**	**b**	ż	n	**c**	ó	z
w	**k**	**o**	**l**	**o**	**r**	**c**	**z**	**a**	**r**	**n**	**y**	**y**	**z**	c	**z**	d
a	b	**i**	**k**	**s**	**e**	**i**	**b**	**e**	**i**	**n**	**w**	**e**	w	**i**	w	d
k	ł	a	k	z	y	f	m	m	ń	**o**	**r**	n	**e**	ó	l	**y**
y	**w**	**o**	**t**	**e**	**l**	**o**	**i**	**f**	**ż**	**w**	y	**l**	b	p	o	**t**
d	**n**	**o**	**l**	**b**	o	b	ł	**e**	**o**	p	**o**	j	l	ą	p	**ł**
r	ó	n	j	ż	a	n	**b**	n	**j**	**n**	r	l	t	t	j	**ó**
ą	f	b	o	t	b	i	**y**	m	**y**	**y**	**ł**	**a**	**i**	**b**	p	**ż**
i	k	n	s	b	y	**y**	**w**	**o**	**d**	**r**	**o**	**b**	i	e	m	o
p	**o**	**m**	**a**	**r**	**a**	**ń**	**c**	**z**	**o**	**w**	**y**	**y**	n	s	a	**j**

Word Search Solution #18

o	l	w	ł	ń	r	m	r	ż	a	b	ż	l	ł	n	ó	l
y	**w**	**o**	**t**	**e**	**l**	**o**	**i**	**f**	**y**	**d**	**n**	**o**	**l**	**b**	m	z
y	**n**	**o**	**w**	**r**	**e**	**z**	**c**	**c**	l	**w**	n	w	ł	d	**j**	ą
n	l	**y**	ł	ż	n	s	**z**	d	ż	r	**o**	t	c	j	**a**	**b**
m	n	**t**	ż	n	ń	**a**	o	j	b	a	e	**z**	e	m	**s**	**i**
e	f	**ł**	b	y	**r**	**z**	**i**	**e**	**l**	**o**	**n**	**y**	**ą**	**ą**	**n**	**a**
i	l	**ó**	o	**n**	**b**	**e**	**ż**	**o**	**w**	**y**	i	ń	d	**r**	**y**	**ł**
c	c	**ż**	**y**	ł	i	j	p	y	f	e	n	t	o	i	**b**	**y**
c	p	ą	d	**k**	**o**	**l**	**o**	**r**	**b**	**o**	**r**	**d**	**o**	**w**	**y**	i
a	p	p	**y**	**r**	**a**	**z**	**s**	t	ż	ą	y	s	d	ł	z	s

Word Search Solution #19

n	y	i	d	z	ą	o	t	p	o	f	**k**	ą	s	ń	c	ż
ń	**i**	c	n	e	o	**f**	**i**	**o**	**l**	**e**	**t**	**o**	**w**	**y**	k	ł
j	**k**	i	o	l	**j**	**a**	**s**	**n**	**y**	**d**	**ż**	p	**l**	ó	o	i
ó	**s**	**y**	**w**	**o**	**ż**	**e**	**b**	m	i	j	**n**	**ó**	k	o	y	ą
m	**e**	**y**	**w**	**o**	**ż**	**ó**	**r**	ł	ł	**b**	s	**o**	**ł**	t	**r**	i
l	**i**	n	**z**	**i**	**e**	**l**	**o**	**n**	**y**	f	**i**	i	**l**	**t**	y	ł
t	**b**	**c**	**z**	**e**	**r**	**w**	**o**	**n**	**y**	z	i	**a**	l	**b**	**y**	i
a	**e**	**b**	**r**	**ą**	**z**	**o**	**w**	**y**	y	i	w	m	**ł**	a	y	e
ż	**i**	t	r	a	z	ż	y	j	ż	z	ó	b	ł	**y**	j	i
ą	**n**	**c**	**i**	**e**	**m**	**n**	**y**	n	y	f	**y**	**n**	**r**	**a**	**z**	**c**

Word Search Solution #20

b	ń	c	p	a	a	**n**	**i**	**e**	**b**	**i**	**e**	**s**	**k**	**i**	k	z
o	p	i	ó	**c**	**z**	**e**	**r**	**w**	**o**	**n**	**y**	**w**	**o**	**ż**	**e**	**b**
r	p	**c**	ż	**b**	d	j	r	**y**	**r**	**a**	**z**	**s**	e	ą	m	**y**
d	r	**z**	ń	o	**r**	**y**	**w**	**o**	**t**	**e**	**l**	**o**	**i**	**f**	**w**	z
o	b	**a**	**b**	i	**o**	**ą**	ł	p	z	d	ń	d	ż	**o**	**y**	**y**
w	ł	**r**	**i**	j	**l**	o	**z**	k	ą	m	i	c	**ż**	a	**t**	**n**
y	ą	**n**	**a**	y	**o**	y	p	**o**	n	ł	j	**ó**	b	t	**ł**	**m**
n	ł	**y**	**ł**	t	**k**	e	w	r	**w**	ł	**r**	s	d	k	**ó**	**e**
d	d	b	**y**	ą	ń	ł	b	y	b	**y**	r	l	a	s	**ż**	**i**
f	**p**	**o**	**m**	**a**	**r**	**a**	**ń**	**c**	**z**	**o**	**w**	**y**	b	m	o	**c**

Word Search Solution #21

g	p	**ń**	**e**	**z**	**c**	**y**	**t**	**s**	**ś**	**r**	**o**	**d**	**a**	i	g	m
a	k	g	m	p	k	n	ł	c	m	l	l	i	m	e	d	p
l	l	a	**k**	s	ź	d	o	**s**	**i**	**e**	**r**	**p**	**i**	**e**	**ń**	ź
a	a	s	**e**	j	o	r	j	b	s	g	w	e	b	ź	**e**	ź
t	m	g	**t**	**c**	**e**	**i**	**p**	**i**	**l**	a	z	y	p	r	**i**	m
o	d	w	**ą**	**p**	**a**	**ź**	**d**	**z**	**i**	**e**	**r**	**n**	**i**	**k**	**z**	ą
m	ń	b	**i**	j	k	**w**	**i**	**o**	**s**	**n**	**a**	n	s	w	**d**	z
i	g	a	**p**	u	**p**	**o**	**n**	**i**	**e**	**d**	**z**	**i**	**a**	**ł**	**e**	**k**
i	r	s	**y**	**t**	**u**	**l**	e	**c**	**z**	**e**	**r**	**w**	**i**	**e**	**c**	ś
c	**z**	**w**	**a**	**r**	**t**	**e**	**k**	e	ą	**j**	**e**	**s**	**i**	**e**	**ń**	a

Word Search Solution #22

l	**i**	**p**	**i**	**e**	**c**	w	c	**ń**	c	**n**	ń	j	j	r	z	ł
j	l	ą	y	g	g	e	**e**	c	s	y	**o**	o	ń	b	**k**	ą
r	z	t	u	ń	k	**i**	ś	j	c	a	r	**z**	ź	d	**w**	ń
m	**l**	**a**	**t**	**o**	**s**	d	n	y	c	l	b	l	**e**	u	**i**	**ń**
y	**k**	**d**	d	e	r	**s**	**o**	**b**	**o**	**t**	**a**	e	ń	**s**	e	e
e	**e**	**o**	**j**	y	c	o	ł	b	m	d	e	s	l	a	**c**	i
ś	**t**	**r**	**m**	m	o	n	**c**	**e**	**i**	**w**	**r**	**e**	**z**	**c**	**i**	**z**
a	**ą**	**ś**	i	**a**	**a**	**l**	**e**	**i**	**z**	**d**	**e**	**i**	**n**	ź	**e**	**d**
n	**i**	e	o	b	**j**	c	**m**	**i**	**e**	**s**	**i**	**ą**	**c**	s	**ń**	e
b	**p**	s	l	**p**	**a**	**ź**	**d**	**z**	**i**	**e**	**r**	**n**	**i**	**k**	ś	t

Word Search Solution #23

ś	m	a	t	**n**	**i**	**e**	**d**	**z**	**i**	**e**	**l**	**a**	t	j	**ń**	p
z	l	ś	z	l	w	j	**z**	**i**	**m**	**a**	w	a	ź	y	**e**	**w**
j	**e**	**s**	**i**	**e**	**ń**	k	z	b	ł	b	g	s	m	p	**i**	**r**
m	**a**	**r**	**z**	**e**	**c**	s	c	ń	c	j	o	l	ś	n	**z**	**z**
p	**o**	**n**	**i**	**e**	**d**	**z**	**i**	**a**	**ł**	**e**	**k**	r	ś	w	**d**	**e**
u	i	b	z	**a**	**n**	**s**	**o**	**i**	**w**	**ś**	**r**	**o**	**d**	**a**	**u**	**s**
a	**c**	**ą**	**i**	**s**	**e**	**i**	**m**	**y**	**t**	**u**	**l**	i	a	t	**r**	**i**
m	**ą**	**s**	**o**	**b**	**o**	**t**	**a**	c	o	o	ź	n	o	w	**g**	**e**
d	e	ń	l	p	r	ł	r	c	**c**	**e**	**i**	**p**	**i**	**l**	ł	**ń**
k	**w**	**i**	**e**	**c**	**i**	**e**	**ń**	t	e	z	d	k	b	ń	s	y

Word Search Solution #24

ń	**ń**	ą	m	w	**n**	**i**	**e**	**d**	**z**	**i**	**e**	**l**	**a**	z	c	ź
e	**e**	c	o	m	i	ź	**ń**	i	n	a	ą	s	a	a	b	**c**
i	**i**	b	l	ń	o	b	r	**e**	**w**	j	d	ź	o	u	**s**	**e**
c	**s**	**ń**	**e**	z	c	y	t	s	i	r	s	d	m	m	**o**	**i**
e	**e**	ń	**j**	**a**	**m**	r	s	ń	y	**p**	**z**	t	k	u	**b**	**w**
i	**j**	ą	ś	n	e	**y**	**t**	**u**	**l**	o	r	e	r	k	**o**	**r**
w	c	k	d	l	s	**a**	**d**	**o**	**r**	**ś**	k	e	s	w	**t**	**e**
k	**p**	**o**	**n**	**i**	**e**	**d**	**z**	**i**	**a**	**ł**	**e**	**k**	i	i	a	**z**
z	ź	z	**p**	**a**	**ź**	**d**	**z**	**i**	**e**	**r**	**n**	**i**	**k**	s	e	**c**
s	c	l	ś	ą	y	**o**	**t**	**a**	**l**	k	c	e	ź	g	m	**ń**

Word Search Solution #25

```
s w g a l e i z d e i n y y n g i
n r a p s b c ń k w i e c i e ń t
k z ś s e z o n c z e r w i e c l
g e d m e g ś m g b k e r o t w m
a s j a ń ź p i ą t e k ł g ź i i
ą i b r ń e z c y t s w ń l t w e
j e w z y r i g k l i p i e c ł s
w ń m e d ą r z z ź ą ą l w t ń i
s a a c k p r r d ą m p u r l u ą
j n u ź ł j g ł w ą a m i z w i c
```

Word Search Solution #26

```
c i o c i a ó j m z p p e e e n r
a d o ł m a n n a p z ż j i ł t z
e o j c z y m ą w y k s o p e p a
p r z y r o d n i b r a t n ż p k
h k s e c i z d o r d e p a ż t
t a r b d z i a d e k b j ż o c a
w d ł o t a n i z d o r z ż ą z m
ą c j a j a i c b a b t d r h m k
y i c s i o s t r z e n i e c p p
d b y c i z d o r i d ż o h n ą ż
```

Word Search Solution #27

n	y	t	a	r	b	i	n	d	o	r	y	z	r	p	s	m
d	s	i	o	s	t	r	z	e	n	i	e	c	a	s	a	c
d	b	r	e	i	s	a	p	m	ż	ł	u	b	n	t	e	y
y	ą	c	a	n	i	z	d	o	r	b	i	n	k	i	o	r
a	ą	ż	y	c	c	u	j	p	z	r	p	a	c	a	o	h
i	o	p	ą	ł	k	u	z	y	n	a	a	j	p	d	z	p
c	k	ż	n	m	j	m	t	u	ł	t	o	j	z	i	t	d
b	t	c	o	p	u	a	c	i	b	r	e	i	s	a	p	e
a	h	j	z	n	ą	d	j	b	a	w	c	s	ż	ó	t	s
b	p	k	s	k	a	i	c	o	i	c	ł	u	d	e	o	a

Word Search Solution #28

ą	j	j	i	t	h	u	o	h	u	y	n	w	e	r	k	ż
w	j	ż	ó	ą	j	h	b	a	b	c	i	a	b	ą	m	t
u	ą	a	b	ó	ż	o	j	c	z	y	m	a	m	a	k	a
j	k	p	a	n	n	a	m	ł	o	d	a	j	c	n	y	h
e	p	w	i	ż	a	ó	ą	b	ł	r	k	o	u	s	c	d
n	y	z	u	k	n	b	j	r	w	ó	c	i	p	u	h	w
c	a	n	i	z	d	o	r	a	a	h	e	t	w	n	u	k
b	m	ą	m	d	s	t	w	t	a	d	ł	r	i	r	b	j
o	n	ł	i	m	ą	ż	e	u	ż	k	y	m	d	ó	u	t
p	p	a	s	i	e	r	b	i	c	a	r	o	d	z	i	c

Word Search Solution #29

o	ą	i	n	w	e	r	k	s	ó	z	t	j	z	k	i	p
b	e	ż	r	o	d	z	i	n	a	m	b	m	t	u	d	k
a	b	u	d	e	ł	o	u	r	p	r	c	c	a	n	ż	ż
b	b	r	e	i	s	a	p	ż	a	ó	w	w	t	w	o	o
c	u	e	z	t	j	t	p	t	t	e	c	ż	a	o	h	p
i	d	h	r	m	r	m	ą	ą	a	i	c	o	i	c	k	d
a	w	a	a	h	c	o	c	a	m	i	ó	n	y	z	u	k
a	r	t	s	o	i	s	a	i	n	d	o	r	y	z	r	p
i	ż	j	s	i	o	s	t	r	z	e	n	i	e	c	m	j
m	a	m	a	b	d	p	ó	ż	e	y	c	ó	t	h	b	ą

Word Search Solution #30

n	e	a	c	i	n	e	z	r	t	s	o	i	s	k	ł	d
ó	m	t	p	p	a	d	o	ł	m	a	n	n	a	p	z	c
u	a	n	o	ż	ż	ó	r	b	r	o	d	z	i	c	e	ó
ł	t	a	r	b	i	n	d	o	r	y	z	r	p	t	h	a
m	ą	p	ł	k	d	a	t	a	t	d	r	t	t	w	ż	r
e	n	ł	ł	z	r	m	k	b	n	b	t	t	k	e	m	ó
w	b	o	s	i	n	e	ą	t	a	a	i	c	b	a	b	e
ą	u	a	h	h	u	y	w	ż	a	i	z	a	m	a	m	i
a	u	j	n	y	z	u	k	n	ó	m	o	n	u	d	n	e
e	m	a	c	o	c	h	a	a	i	ó	e	ł	ó	t	i	k

Word Search Solution #31

n	n	i	c	ś	e	i	z	d	y	z	r	t	s	n	ę	i
s	i	e	d	e	m	n	a	ś	c	i	e	l	t	e	w	y
d	w	a	d	z	i	e	ś	c	i	a	c	i	o	d	z	e
e	m	e	ć	y	s	i	e	d	e	m	s	e	t	e	ś	ę
s	z	e	ś	ć	l	t	r	j	z	ą	a	i	c	j	w	e
n	r	b	o	s	i	e	m	d	z	i	e	s	i	ą	t	ę
n	l	s	m	t	e	s	m	e	i	s	o	ć	w	a	w	d
z	ą	m	a	r	i	c	ś	e	i	z	d	r	e	t	z	c
z	s	n	u	z	a	j	i	c	z	t	e	r	y	a	i	p
r	c	a	c	y	r	j	e	d	e	n	a	ś	c	i	e	c

Word Search Solution #32

j	t	p	d	z	i	e	w	i	ę	ć	s	e	t	ś	u	t
l	e	ć	m	o	a	ć	m	ę	z	t	p	c	e	o	ę	l
c	s	r	ś	w	s	i	e	d	e	m	n	a	ś	c	i	e
c	m	c	d	p	j	e	d	e	n	b	i	l	i	o	n	r
t	e	p	i	ę	t	n	a	ś	c	i	e	a	t	e	z	o
y	d	n	m	e	d	e	i	s	ć	ę	i	w	e	i	z	d
s	e	e	i	c	ś	e	i	z	d	r	e	t	z	c	o	z
i	i	d	o	s	i	e	m	s	e	t	y	ę	m	m	j	ć
ą	s	e	d	z	i	e	w	i	ę	t	n	a	ś	c	i	e
c	z	j	e	d	e	n	m	i	l	i	o	n	a	p	u	e

Word Search Solution #33

a	o	s	z	e	ś	ć	d	z	i	e	s	i	ą	t	l	y
e	w	l	s	i	e	d	e	m	n	a	ś	c	i	e	l	l
y	z	d	j	e	d	e	n	u	ć	ś	n	o	r	s	y	c
r	e	a	i	c	ś	e	i	z	d	a	w	d	m	m	d	n
z	ę	d	a	o	r	e	z	w	o	y	b	ś	ę	e	j	m
s	s	z	w	i	ć	ę	i	s	e	i	z	d	e	i	ą	o
ą	z	s	j	e	i	c	ś	a	n	s	e	z	s	s	c	m
ć	ć	n	o	i	l	i	m	n	e	d	e	j	t	o	b	t
b	l	u	r	p	j	c	r	c	z	t	e	r	y	z	r	t
s	i	e	d	e	m	t	ę	b	ś	t	e	s	ć	ę	i	p

Word Search Solution #34

t	e	s	ć	ę	i	p	e	l	y	e	o	y	s	ś	l	n
r	e	i	c	ś	a	n	m	e	d	e	i	s	w	o	o	u
l	o	p	e	s	u	u	w	d	z	i	e	s	i	ę	ć	m
ś	t	w	r	i	u	c	c	ę	b	d	i	s	ś	a	e
y	r	e	t	z	c	e	i	c	ś	a	n	s	e	z	s	r
m	ś	e	ą	a	ę	d	w	a	ę	p	a	m	z	ą	ą	c
j	e	d	e	n	a	ś	c	i	e	b	r	o	s	i	e	m
p	t	e	s	ć	ś	e	z	s	e	j	z	e	r	o	ć	c
a	d	l	z	i	o	s	i	e	m	s	e	t	u	ą	n	e
p	i	ę	t	n	a	ś	c	i	e	c	ą	i	s	y	t	s

Word Search Solution #35

e	ę	p	l	l	o	j	**d**	**w**	**i**	**e**	**ś**	**c**	**i**	**e**	t	**s**
i	ć	a	**i**	**c**	**ś**	**e**	**i**	**z**	**d**	**y**	**z**	**r**	t	o	**s**	**z**
c	w	a	**d**	**w**	**a**	**d**	**z**	**i**	**e**	**ś**	**c**	**i**	**a**	**z**	ć	**e**
ś	**j**	**e**	**d**	**e**	**n**	**b**	**i**	**l**	**i**	**o**	**n**	p	**e**	u	**e**	**ś**
a	y	c	j	**y**	a	m	**d**	**w**	**a**	**n**	**a**	**ś**	**c**	**i**	**e**	**ć**
n	l	r	**z**	**n**	**u**	**m**	**e**	**r**	t	n	**ć**	**d**	**w**	**a**	ć	o
s	e	**r**	t	n	n	p	c	c	u	**s**	z	e	e	r	p	r
e	t	e	n	u	d	ę	ć	y	**e**	m	r	n	e	d	a	c
z	b	c	o	n	ś	p	**a**	**t**	**s**	**y**	**z**	**r**	**t**	m	l	ć
s	b	d	**o**	**s**	**i**	**e**	**m**	**s**	**e**	**t**	i	**m**	**e**	**i**	**s**	**o**

Word Search Solution #36

e	j	ó	k	ń	**p**	**i**	**ę**	**ś**	**ć**	m	t	u	h	ò	g	e
n	**o**	**o**	**r**	**d**	**o**	**i**	**b**	s	ć	m	k	i	**u**	**s**	**t**	**a**
k	y	**c**	ę	s	ò	m	ł	**a**	**ł**	**y**	**ż**	g	ż	h	**a**	ę
n	y	j	**u**	g	**k**	m	l	ń	l	ò	ś	t	ń	**i**	g	ò
h	g	b	ó	**ł**	**ś**	**r**	**e**	**i**	**p**	ż	i	s	**l**	ć	**g**	k
g	ś	n	ę	**a**	**p**	g	a	u	ń	ò	c	**a**	r	g	**z**	**y**
ć	t	e	r	w	**s**	ó	k	**b**	y	l	**t**	a	ą	h	**ò**	**z**
b	y	i	ć	h	ò	**ę**	z	**ł**	**o**	**z**	**c**	**u**	**r**	**g**	**m**	**ę**
o	**n**	**g**	**ę**	**i**	**c**	**ś**	**z**	n	ż	ń	s	m	t	l	m	**j**
u	**k**	**e**	**d**	**ą**	**ł**	**o**	**ż**	**r**	j	c	n	o	y	t	ò	p

Word Search Solution #37

```
t  s  ś  k  t  ą  o  ł  a  i  c  ć  y  ć  r  w  o
ę  k  ł  g  e  a  d  o  r  b  s  j  ś  b  r  e  w
t  e  j  j  s  z  y  d  ó  ę  z  ò  ś  ż  u  b  b
n  u  a  j  ó  s  c  p  a  l  e  c  u  n  o  g  i
i  o  k  j  ę  ż  z  i  ó  c  u  h  k  ś  ż  w  k
c  c  ę  y  t  z  d  y  l  s  n  e  r  k  a  r  a
a  h  z  b  ò  y  y  ć  j  o  ż  ń  ś  p  p  e  o
m  z  c  ę  c  k  g  k  k  a  p  a  a  ó  a  n  ę
b  z  z  z  a  k  e  i  w  o  p  j  r  g  g  ę  ó
ł  ć  s  a  b  o  r  t  ą  w  s  ś  i  ś  n  ł  ń
```

Word Search Solution #38

```
d  ł  ą  o  r  b  e  ż  s  n  r  ś  z  c  b  o  g
t  ą  ł  b  i  o  d  r  o  m  ś  a  z  ę  ò  c  z
p  t  ò  m  k  a  w  ł  o  s  y  o  g  ń  ą  u  ż
a  ą  ć  ś  o  k  b  ó  h  w  ł  m  ż  r  ż  ł  s
ć  k  ń  h  ć  b  ż  o  z  o  p  z  c  i  a  p  z
g  p  o  w  i  e  k  a  r  ò  w  k  g  i  p  w  y
ę  c  ń  p  i  e  r  ś  a  t  ż  m  h  ó  l  ł  j
h  c  r  ń  o  c  j  s  l  n  ą  k  a  l  e  ó  a
p  b  w  t  ę  k  ò  h  p  o  ż  w  ò  ę  c  j  ć
j  ą  ą  z  ż  h  o  i  ń  s  z  k  m  ł  y  p  ń
```

Word Search Solution #39

ł	r	e	b	ę	d	r	d	u	h	d	k	**g**	**z**	**ò**	**m**	t
ć	z	e	o	**ł**	o	s	s	ś	o	u	**a**	**o**	**ł**	**a**	**i**	**c**
l	ą	ń	b	o	**o**	**n**	**ł**	**o**	u	**k**	**y**	**b**	**ę**	**z**	ń	u
a	ć	g	o	t	**e**	**k**	**k**	ż	**ę**	y	h	a	k	d	**w**	ń
m	**ł**	ł	t	**r**	l	**o**	**i**	**r**	**k**	**r**	**a**	**b**	**a**	y	**ł**	ń
y	ń	**y**	**w**	**ę**	ł	ć	b	**e**	y	e	a	**r**	k	r	**o**	j
b	g	m	**ż**	**i**	i	h	b	e	**ć**	c	**ó**	ć	ę	m	**s**	s
n	j	ś	k	**m**	e	p	ę	m	w	**k**	ą	a	d	w	**y**	g
k	k	d	h	**a**	i	h	n	m	**s**	**ę**	**a**	**d**	**o**	**r**	**b**	g
c	ł	s	d	**r**	u	r	ć	n	**a**	**g**	**r**	**a**	**w**	h	ś	ę

Word Search Solution #40

w	**p**	**ł**	**o**	**z**	**c**	**u**	**r**	**g**	y	w	k	**n**	ą	ż	n	**k**
h	**l**	g	c	j	r	b	ń	z	g	u	ę	**o**	g	ó	**e**	r
a	**e**	**b**	**i**	**o**	**d**	**r**	**o**	ć	ł	c	s	**s**	ę	**t**	ż	ć
w	**c**	r	**w**	d	z	b	l	l	ń	g	l	a	**s**	ó	l	s
ę	**y**	e	**ż**	**y**	**ł**	**a**	e	ć	ó	ł	**o**	**r**	**b**	**e**	**ż**	n
ą	**r**	ć	ą	z	ć	u	**g**	**ł**	**o**	**w**	**a**	ń	d	ń	n	b
b	**n**	**e**	**r**	**k**	**a**	ł	ś	l	a	**g**	o	z	**k**	**r**	**a**	**b**
ó	a	g	l	l	p	**b**	**r**	**o**	**d**	**a**	r	ó	s	d	l	e
k	**e**	**d**	**ą**	**ł**	**o**	**ż**	ż	**a**	**k**	**e**	**z**	**c**	**i**	**l**	**o**	**p**
e	c	n	t	b	b	ę	**n**	t	l	ò	a	ą	h	j	h	ą

Word Scramble Hints

#1 - 1) cow   2) giraffe   3) camel   4) bull   5) rhinoceros
6) snake   7) monkey

#2 - 1) baboon   2) cat   3) horse   4) lamb   5) fox
6) crocodile   7) wolf

#3 - 1) goat   2) camel   3) lamb   4) cheetah   5) fox
6) crocodile   7) gazelle

#4 - 1) lamb   2) bobcat   3) crocodile   4) rabbit   5) goat
6) giraffe   7) zebra

#5 - 1) rhinoceros   2) beaver   3) cat   4) giraffe   5) gazelle
6) frog   7) badger

#6 - 1) tap   2) mixer   3) hoover   4) furniture   5) pot
6) purse   7) pillow

#7 - 1) wardrobe   2) table   3) shower curtain   4) door
5) cabinet   6) spoon   7) drinking glass

#8 - 1) shower   2) broom   3) door   4) drawer   5) kettle
6) bath (tub)   7) dresser

#9 - 1) television   2) furniture   3) handbag   4) vase   5) dish
6) tin   7) soap

#10 - 1) washing machine   2) mixer   3) shower curtain
4) freezer   5) bag   6) water   7) dresser

Word Scramble Hints

#11 - 1) suit   2) T-shirt   3) dress   4) coat   5) bathing suit
6) slippers   7) overalls

#12 - 1) cardigan   2) jacket   3) hiking boots   4) cap
5) pyjamas   6) zip   7) slippers

#13 - 1) corset   2) bra   3) handkerchief   4) socks
5) jumpsuit   6) sweatshirt   7) coat

#14 - 1) hiking boots   2) jumpsuit   3) umbrella   4) slippers
5) cap   6) shirt   7) dressing gown

#15 - 1) jeans   2) overcoat   3) glove   4) trousers   5) bathing
suit   6) waistcoat   7) suit

#16 - 1) bright   2) maroon   3) grey   4) colour   5) black
6) brown   7) white

#17 - 1) bright   2) maroon   3) pink   4) green   5) colour
6) white   7) beige

#18 - 1) yellow   2) brown   3) green   4) dark   5) white
6) beige   7) orange

#19 - 1) orange   2) blue   3) colour   4) dark   5) bright
6) black   7) grey

#20 - 1) white   2) colour   3) beige   4) blond   5) grey
6) green   7) pink

Word Scramble Hints

#21 - 1) January   2) July   3) Monday   4) June   5) Friday
6) December   7) November

#22 - 1) October   2) Sunday   3) summer   4) Saturday
5) December   6) September   7) August

#23 - 1) summer   2) June   3) Tuesday   4) Saturday
5) winter   6) April   7) spring

#24 - 1) May   2) April   3) August   4) November
5) Monday   6) June   7) October

#25 - 1) September   2) day   3) winter   4) May   5) Thursday
6) spring   7) July

#26 - 1) stepson   2) cousin   3) stepsister   4) uncle   5) aunt
6) stepdaughter   7) parents

#27 - 1) stepbrother   2) nephew   3) parent   4) uncle
5) stepfather   6) cousin   7) husband

#28 - 1) aunt   2) grandchild   3) parents   4) stepfather
5) brother   6) stepsister   7) cousin

#29 - 1) brother   2) relatives   3) aunt   4) grandchild
5) daughter   6) mum   7) parents

#30 - 1) parents   2) aunt   3) relative   4) dad   5) grandfather
6) mum   7) stepfather

Word Scramble Hints

#31 - 1) five hundred   2) five   3) fourteen   4) one thousand
5) one hundred   6) nineteen   7) six

#32 - 1) zero   2) six hundred   3) one million   4) seven
5) eighty   6) twenty   7) eight

#33 - 1) number   2) one thousand   3) seventeen   4) ninety
5) fifteen   6) nineteen   7) sixteen

#34 - 1) three   2) nine   3) six   4) six hundred   5) five
hundred   6) fifty   7) twelve

#35 - 1) two   2) twenty   3) one billion   4) seventeen
5) nine   6) thirteen   7) sixty

#36 - 1) brain   2) foot   3) freckles   4) bone   5) backbone
6) breast   7) hand

#37 - 1) teeth   2) neck   3) tongue   4) lip   5) feet   6) parts of
the body   7) mouth

#38 - 1) eyelash   2) brain   3) parts of the body   4) lung
5) head   6) tongue   7) tooth

#39 - 1) foot   2) eyebrow   3) elbow   4) belly   5) nose
6) joint   7) tooth

#40 - 1) arm   2) lip   3) ankle   4) body   5) face   6) leg
7) wrist

Word Scramble Solutions

#1 - 1) krowa   2) żyrafa   3) wielbłąd   4) byk   5) nosorożec
6) wąż   7) małpa

#2 - 1) pawian   2) kot   3) koń   4) jagnię   5) lis
6) krokodyl   7) wilk

#3 - 1) koza   2) wielbłąd   3) jagnię   4) gepard   5) lis
6) krokodyl   7) gazela

#4 - 1) jagnię   2) ryś rudy   3) krokodyl   4) królik   5) koza
6) żyrafa   7) zebra

#5 - 1) nosorożec   2) bóbr   3) kot   4) żyrafa   5) gazela
6) żaba   7) borsuk

#6 - 1) kurek   2) mikser   3) odkurzacz   4) meble   5) kocioł
6) portmonetka   7) poduszka

#7 - 1) szafa   2) stół   3) zasłonka od prysznica   4) drzwi
5) szafka   6) łyżka   7) kieliszek

#8 - 1) prysznic   2) miotła   3) drzwi   4) szuflada   5) czajnik
6) wanna   7) kredens

#9 - 1) telewizor   2) meble   3) torebka   4) wazon   5) danie
6) puszka   7) mydło

#10 - 1) pralka   2) mikser   3) zasłonka od prysznica
4) zamrażarka   5) torba   6) woda   7) kredens

Word Scramble Solutions

#11 - 1) garnitur   2) T-shirt   3) sukienka   4) płaszcz   5) strój kąpielowy   6) kapcie   7) ogrodniczki

#12 - 1) kardigan   2) kurtka   3) buty trekkingowe
4) czapka   5) piżama   6) zamek błyskawiczny   7) kapcie

#13 - 1) gorset   2) biustonosz   3) chusteczka   4) skarpetki
5) kombinezon   6) bluza   7) płaszcz

#14 - 1) buty trekkingowe   2) kombinezon   3) parasol
4) kapcie   5) czapka   6) koszula   7) szlafrok

#15 - 1) dżinsy   2) płaszcz   3) rękawiczka   4) spodnie
5) strój kąpielowy   6) kamizelka   7) garnitur

#16 - 1) jasny   2) bordowy   3) szary   4) kolor   5) czarny
6) brązowy   7) biały

#17 - 1) jasny   2) bordowy   3) różowy   4) zielony   5) kolor
6) biały   7) beżowy

#18 - 1) żółty   2) brązowy   3) zielony   4) ciemny   5) biały
6) beżowy   7) pomarańczowy

#19 - 1) pomarańczowy   2) niebieski   3) kolor   4) ciemny
5) jasny   6) czarny   7) szary

#20 - 1) biały   2) kolor   3) beżowy   4) blond   5) szary
6) zielony   7) różowy

Word Scramble Solutions

#21 - 1) styczeń   2) lipiec   3) poniedziałek   4) czerwiec
5) piątek   6) grudzień   7) listopad

#22 - 1) październik   2) niedziela   3) lato   4) sobota
5) grudzień   6) wrzesień   7) sierpień

#23 - 1) lato   2) czerwiec   3) wtorek   4) sobota   5) zima
6) kwiecień   7) wiosna

#24 - 1) maj   2) kwiecień   3) sierpień   4) listopad
5) poniedziałek   6) czerwiec   7) październik

#25 - 1) wrzesień   2) dzień   3) zima   4) maj   5) czwartek
6) wiosna   7) lipiec

#26 - 1) pasierb   2) kuzyn   3) przyrodnia siostra   4) wuj
5) ciocia   6) pasierbica   7) rodzice

#27 - 1) przyrodni brat   2) siostrzeniec   3) rodzic   4) wuj
5) ojczym   6) kuzyn   7) mąż

#28 - 1) ciocia   2) wnuk   3) rodzice   4) ojczym   5) brat
6) przyrodnia siostra   7) kuzyn

#29 - 1) brat   2) krewni   3) ciocia   4) wnuk   5) córka
6) mama   7) rodzice

#30 - 1) rodzice   2) ciocia   3) krewny   4) tata   5) dziadek
6) mama   7) ojczym

Word Scramble Solutions

#31 - 1) pięćset 2) pięc 3) czternaście 4) tysiąc 5) sto
6) dziewiętnaście 7) sześć

#32 - 1) zero 2) sześćset 3) jeden milion 4) siedem
5) osiemdziesiąt 6) dwadzieścia 7) osiem

#33 - 1) numer 2) tysiąc 3) siedemnaście
4) dziewięćdziesiąt 5) piętnaście 6) dziewiętnaście
7) szesnaście

#34 - 1) trzy 2) dziewięć 3) sześć 4) sześćset 5) pięćset
6) pięćdziesiąt 7) dwanaście

#35 - 1) dwa 2) dwadzieścia 3) jeden bilion
4) siedemnaście 5) dziewięć 6) trzynaście
7) sześćdziesiąt

#36 - 1) mòzg 2) stopa 3) piegi 4) kość 5) kręgosłup
6) pierś 7) ręka

#37 - 1) zęby 2) szyja 3) język 4) warga 5) stopy
6) części ciała 7) usta

#38 - 1) rzęsa 2) mòzg 3) części ciała 4) płuco 5) głowa
6) język 7) ząb

#39 - 1) stopa 2) brew 3) łokieć 4) brzuch 5) nos
6) staw 7) ząb

#40 - 1) ramię 2) warga 3) kostka 4) ciało 5) twarz
6) noga 7) nadgarstek

Word Quiz Solutions

#1 - 1) c - rabbit   2) b - squirrel   3) b - rat   4) d - fox
5) c - pig   6) a - horse   7) a - gorilla   8) b - panda
9) a - sheep   10) c - animal

#2 - 1) b - armadillo   2) d - zebra   3) b - dog
4) a - porcupine   5) c - giraffe   6) c - bear   7) c - snake
8) b - jaguar   9) d - goat   10) c - sheep

#3 - 1) b - tiger   2) a - snake   3) c - leopard
4) a - rhinoceros   5) b - sheep   6) b - hyena   7) a - donkey
8) b - gazelle   9) b - aardvark   10) a - hippopotamus

#4 - 1) a - pies   2) d - hiena   3) b - borsuk   4) a - słoń
5) a - aligator   6) c - lis   7) a - kangur   8) d - szczur
9) a - koala   10) c - zebra

#5 - 1) d - panda   2) b - krokodyl   3) b - koza   4) c - gepard
5) d - hiena   6) d - krowa   7) d - słoń   8) a - lama
9) b - wilk   10) b - ryś

#6 - 1) a - chair   2) a - refrigerator   3) a - ashtray
4) a - bookcase   5) c - dresser   6) a - tap   7) d - glass
8) a - bowl   9) d - shelf   10) a - picture

#7 - 1) c - shelf   2) d - washing machine   3) d - drier
4) d - furniture   5) c - lamp   6) b - dish   7) a - alarm clock
8) b - freezer   9) c - rubbish can   10) c - shower curtain

Word Quiz Solutions

#8 - 1) b - plate   2) a - water   3) a - knife   4) d - rubbish can
5) b - door   6) b - cup   7) d - drinking glass   8) a - purse
9) c - kitchen   10) d - window

#9 - 1) c - budzik   2) b - filiżanka   3) a - szklanka
4) b - mikser   5) c - obraz   6) a - latarka   7) d - widelec
8) a - telefon   9) a - koc   10) d - obraz

#10 - 1) a - prześcieradło   2) c - prysznic   3) d - toster
4) d - ściana   5) a - toaleta   6) b - wanna   7) a - portfel
8) c - pudełko   9) d - dywan   10) c - okno

#11 - 1) c - corset   2) b - zip   3) a - briefs   4) d - bikini
5) c - hiking boots   6) d - running shoes   7) b - cardigan
8) b - suit   9) b - socks   10) c - belt

#12 - 1) a - dress   2) c - necktie   3) b - sweatshirt   4) d - cap
5) d - clothes   6) a - stockings   7) d - trousers   8) b - T-shirt
9) b - hiking boots   10) b - slippers

#13 - 1) b - slippers   2) d - scarf   3) c - dress   4) b - tights
5) a - dressing gown   6) b - running shoes   7) a - umbrella
8) b - stockings   9) d - briefs   10) b - size

#14 - 1) a - T-shirt   2) c - garnitur   3) d - buty trekkingowe
4) c - spódnica   5) a - rękawice   6) b - rajstopy
7) c - szlafrok   8) b - spodnie   9) c - sukienka
10) a - piżama

Word Quiz Solutions

#15 - 1) d - parasol   2) c - czapka   3) d - ogrodniczki
4) c - sukienka   5) c - majtki   6) c - kapelusz   7) a - krawat
8) a - muszka   9) b - pasek   10) a - kapcie

#16 - 1) d - pink   2) d - black   3) d - beige   4) d - dark
5) d - maroon   6) d - orange   7) c - red   8) a - bright
9) a - white   10) a - green

#17 - 1) a - white   2) c - black   3) c - yellow   4) a - green
5) a - maroon   6) a - dark   7) a - beige   8) d - brown
9) b - orange   10) c - blue

#18 - 1) c - green   2) d - purple   3) a - blond   4) d - beige
5) b - pink   6) d - red   7) b - black   8) b - grey   9) a - dark
10) a - blue

#19 - 1) b - biały   2) a - kolor   3) c - ciemny
4) d - niebieski   5) b - czerwony   6) c - beżowy
7) a - szary   8) d - żółty   9) b - różowy   10) a - czarny

#20 - 1) b - jasny   2) d - szary   3) d - kolor   4) c - bordowy
5) a - biały   6) d - zielony   7) b - beżowy   8) c - żółty
9) a - różowy   10) d - pomarańczowy

#21 - 1) c - May   2) d - February   3) b - December
4) c - Saturday   5) a - Wednesday   6) b - August   7) a - day
8) d - September   9) a - April   10) b - summer

Word Quiz Solutions

#22 - 1) a - season   2) b - October   3) c - March
4) d - September   5) c - summer   6) c - Sunday
7) c - February   8) a - autumn   9) d - winter   10) a - spring

#23 - 1) b - November   2) a - Saturday   3) a - Thursday
4) d - June   5) b - spring   6) c - autumn   7) c - August
8) c - January   9) a - February   10) c - summer

#24 - 1) b - jesień   2) a - sierpień   3) b - maj   4) d - środa
5) d - czwartek   6) b - sezon   7) d - grudzień   8) b - wiosna
9) d - miesiąc   10) b - wrzesień

#25 - 1) c - jesień   2) b - maj   3) c - lato   4) a - miesiąc
5) a - poniedziałek   6) c - sezon   7) d - luty   8) b - wrzesień
9) d - sierpień   10) d - październik

#26 - 1) b - parents   2) c - bride   3) d - parent   4) c - nephew
5) c - daughter   6) c - father   7) d - grandmother
8) b - grandchild   9) c - sister   10) b - stepsister

#27 - 1) b - stepmother   2) d - family   3) c - grandchild
4) b - relative   5) d - mum   6) c - stepson   7) c - niece
8) a - stepsister   9) d - nephew   10) b - sister

#28 - 1) a - aunt   2) a - uncle   3) a - son   4) d - grandfather
5) d - bride   6) c - nephew   7) d - father   8) d - mum
9) b - relative   10) a - stepdaughter

Word Quiz Solutions

#29 - 1) a - ojciec 2) a - córka 3) c - ojczym 4) a - brat
5) a - wnuk 6) a - matka 7) c - przyrodni brat 8) c - żona
9) d - tata 10) b - babcia

#30 - 1) d - rodzina 2) d - przyrodni brat 3) a - matka
4) d - mama 5) b - babcia 6) c - syn 7) b - córka
8) c - pasierb 9) c - dziadek 10) a - rodzice

#31 - 1) a - eighty 2) c - one million 3) b - seventy
4) a - two hundred 5) c - twenty 6) a - seven
7) d - seventeen 8) d - five hundred 9) d - number
10) c - eleven

#32 - 1) d - five 2) a - two 3) d - three 4) b - zero
5) b - nine 6) b - nineteen 7) a - eight 8) a - fifteen
9) a - seventeen 10) b - two hundred

#33 - 1) c - five 2) a - one billion 3) b - sixty
4) b - number 5) b - seven hundred 6) c - one 7) b - seven
8) b - two 9) c - fifty 10) c - ten *

#34 - 1) d - dwadzieścia 2) b - osiem 3) a - sześćdziesiąt
4) b - pięćset 5) c - siedemnaście 6) d - trzydzieści
7) a - jeden bilion 8) c - zero 9) d - trzy
10) b - dziewiętnaście

#35 - 1) a - osiemset 2) d - jedenaście 3) c - numer
4) b - jeden milion 5) a - dziesięć 6) a - sześć
7) c - dwanaście 8) c - sto 9) d - czterdzieści
10) d - sześćset

Word Quiz Solutions

#36 - 1) b - arm   2) d - chin   3) d - jaw   4) c - iris
5) c - nerve   6) b - parts of the body   7) d - wrist
8) a - teeth   9) c - throat   10) b - eyelash

#37 - 1) c - finger   2) a - hair   3) b - waist   4) c - thumb
5) b - body   6) a - arm   7) a - nerve   8) a - lip   9) d - toe
10) b - liver

#38 - 1) d - beard   2) c - skin   3) b - moustache   4) c - gland
5) d - teeth   6) d - iris   7) d - knuckle   8) b - eyelash
9) c - neck   10) d - leg

#39 - 1) c - brzuch   2) b - kciuk   3) b - biodro   4) a - bark
5) a - brew   6) b - stopy   7) b - pięść   8) b - warga
9) d - części ciała   10) b - pęcherz

#40 - 1) c - nerka   2) a - broda   3) c - krew   4) d - żebro
5) b - palec   6) b - talia   7) d - gardło   8) d - gruczoł
9) b - ząb   10) b - biodro

Welcome to the Dictionary section!

Polish words are given in bold, with the English meaning after.

Parts of speech are given in [].

m = masculine noun
f = feminine noun
n = neuter noun
adj = adjective
num = number

mp = masculine plural
fp = feminine plural
np = neuter plural
adv = adverb
v = verb

aligator *[m]* - alligator
babcia *[f]* - grandmother
bark *[m]* - shoulder
bawół *[m]* - buffalo
beżowy *[adj]* - beige
biały *[adj]* - white
biblioteczka *[f]* - bookcase
bikini *[n]* - bikini
biodro *[n]* - hip
biustonosz *[m]* - bra
blond *[adj]* - blond
bluza *[f]* - sweatshirt
bluzka *[f]* - blouse
bóbr *[m]* - beaver
bordowy *[adj]* - maroon
borsuk *[m]* - badger
brat *[m]* - brother
brew *[f]* - eyebrow
broda *[f]* - beard, chin
brzuch *[m]* - belly
brązowy *[adj]* - brown
budzik *[m]* - alarm clock
butelka *[f]* - bottle
buty trekkingowe *[mp]* - hiking boots
byk *[m]* - bull
chusteczka *[f]* - handkerchief
ciało *[n]* - body
ciemny *[adj]* - dark
ciocia *[f]* - aunt
córka *[f]* - daughter
czajnik *[m]* - kettle
czapka *[f]* - cap
czarny *[adj]* - black
czerwiec *[m]* - June
czerwony *[adj]* - red

czoło *[n]* - forehead
czterdzieści *[num]* - forty
czternaście *[num]* - fourteen
cztery *[num]* - four
czterysta *[num]* - four hundred
czwartek *[m]* - Thursday
części ciała *[fp]* - parts of the body
dach *[m]* - roof
danie *[m]* - dish
dom *[m]* - house
drzwi *[fp]* - door
dwa *[num]* - two
dwadzieścia *[num]* - twenty
dwanaście *[num]* - twelve
dwieście *[num]* - two hundred
dywan *[m]* - carpet
dzbanek do kawy *[n]* - coffee pot
dziadek *[m]* - grandfather
dziesięć *[num]* - ten
dziewiętnaście *[num]* - nineteen
dziewięć *[num]* - nine
dziewięćdziesiąt *[num]* - ninety
dziewięćset *[num]* - nine hundred
dzień *[m]* - day
dżinsy *[fp]* - jeans
filiżanka *[f]* - cup
fioletowy *[adj]* - purple
gardło *[n]* - throat
garnitur *[m]* - suit
gazela *[f]* - gazelle
gepard *[m]* - cheetah
gorset *[m]* - corset
goryl *[m]* - gorilla
gruczoł *[m]* - gland
grudzień *[m]* - December
głowa *[f]* - head

hiena *[f]* - hyena
hipototam *[m]* - hippopotamus
jagnię *[n]* - lamb
jaguar *[m]* - jaguar
jasny *[adj]* - bright
jeden *[num]* - one
jeden bilion *[num]* - one billion
jeden milion *[num]* - one million
jedenaście *[num]* - eleven
jeleń *[m]* - deer
jesień *[m]* - autumn
jeżozwierz *[m]* - porcupine
język *[m]* - tongue
kamizelka *[f]* - waistcoat
kanapa *[f]* - couch
kangur *[m]* - kangaroo
kapcie *[mp]* - slippers
kapelusz *[m]* - hat
kardigan *[m]* - cardigan
kciuk *[m]* - thumb
kieliszek *[f]* - drinking glass
klatka schodowa *[m]* - staircase
klucz *[m]* - key
koala *[f]* - koala
koc *[m]* - blanket
kocioł *[m]* - pot
kolano *[n]* - knee
kolor *[m]* - colour
kombinezon *[m]* - jumpsuit
kostka *[f]* - ankle, knuckle
kosz na śmieci *[m]* - rubbish can
koszula *[f]* - shirt
kot *[m]* - cat
koza *[f]* - goat
koń *[m]* - horse
kość *[f]* - bone

krawat *[m]* - necktie
kredens *[m]* - dresser
krew *[f]* - blood
krewni *[mp]* - relatives
krewny *[m]* - relative
krokodyl *[m]* - crocodile
królik *[m]* - rabbit
krowa *[f]* - cow
krzesło *[n]* - chair
kręgosłup *[m]* - backbone
kuchnia *[f]* - kitchen
kuguar *[m]* - cougar
kurek *[m]* - tap
kurtka *[f]* - jacket
kuzyn *[m]* - cousin
kwiecień *[m]* - April
lama *[f]* - llama
lampa *[f]* - lamp
lampart *[m]* - leopard
latarka *[f]* - torch
lato *[n]* - summer
lew *[m]* - lion
lipiec *[m]* - July
lis *[m]* - fox
listopad *[m]* - November
lodówka *[f]* - refrigerator
lustro *[n]* - mirror
luty *[m]* - February
macocha *[f]* - stepmother
maj *[m]* - May
majtki *[mp]* - briefs, knickers
mama *[f]* - mum
marzec *[m]* - March
matka *[f]* - mother
małpa *[f]* - monkey
meble *[fp]* - furniture

miesiąc *[m]* - month
migdały *[fp]* - tonsils
mikser *[m]* - mixer
miotła *[f]* - broom
miska *[f]* - bowl
mięsień *[m]* - muscle
mrówkojad *[m]* - anteater
mrównik *[m]* - aardvark
muszka *[f]* - bow tie
muł *[m]* - mule
mydło *[n]* - soap
mysz *[f]* - mouse
mòzg *[m]* - brain
mąż *[m]* - husband
nadgarstek *[m]* - wrist
nerka *[f]* - kidney
nerw *[m]* - nerve
niebieski *[adj]* - blue
niedziela *[f]* - Sunday
niedźwiedź *[m]* - bear
noga *[f]* - leg
nos *[m]* - nose
nosorożec *[m]* - rhinoceros
nóż *[m]* - knife
numer *[m]* - number
obraz *[n]* - painting, picture
obraz *[m]* - image
odkurzacz *[m]* - hoover
ogrodniczki *[mp]* - overalls
ojciec *[m]* - father
ojczym *[m]* - stepfather
okno *[n]* - window
oko *[n]* - eye
osiem *[num]* - eight
osiemdziesiąt *[num]* - eighty
osiemnaście *[num]* - eighteen

osiemset *[num]* - eight hundred
osioł *[m]* - donkey
owca *[f]* - sheep
palec *[m]* - finger
palec u nogi *[m]* - toe
pancernik *[m]* - armadillo
panda *[f]* - panda
panna młoda *[f]* - bride
pantera *[f]* - panther
parasol *[m]* - umbrella
pasek *[m]* - belt
pasierb *[m]* - stepson
pasierbica *[f]* - stepdaughter
patelnia *[f]* - frying pan
pawian *[m]* - baboon
paznokieć *[m]* - fingernail
październik *[m]* - October
piegi *[mp]* - freckles
piekarnik *[m]* - stove
pierś *[f]* - breast
pies *[m]* - dog
piątek *[m]* - Friday
pięc *[num]* - five
piętnaście *[num]* - fifteen
pięćdziesiąt *[num]* - fifty
pięćset *[num]* - five hundred
pięść *[f]* - fist
piżama *[f]* - pyjamas
plecy *[fp]* - back
poduszka *[f]* - pillow
podłoga *[f]* - floor
policzek *[m]* - cheek
pomarańczowy *[adj]* - orange
poniedziałek *[m]* - Monday
popielniczka *[f]* - ashtray
portfel *[m]* - wallet

portmonetka *[f]* - purse
powieka *[f]* - eyelid
półka *[f]* - shelf
pończochy *[fp]* - stockings
pralka *[f]* - washing machine
prysznic *[m]* - shower
przełącznik *[m]* - switch
prześcieradło *[n]* - sheet
przyrodni brat *[m]* - stepbrother
przyrodnia siostra *[f]* - stepsister
pręgowiec *[m]* - chipmunk
pudełko *[n]* - box
puszka *[f]* - tin
pęcherz *[m]* - bladder
płaszcz *[m]* - coat, overcoat
płuco *[n]* - lung
radio *[n]* - radio
rajstopy *[fp]* - tights
ramię *[n]* - arm
rodzic *[m]* - parent
rodzice *[mp]* - parents
rodzina *[f]* - family
ropucha *[f]* - toad
rozmiar *[m]* - size
różowy *[adj]* - pink
ryś *[m]* - lynx
ryś rudy *[m]* - bobcat
rzęsa *[f]* - eyelash
ręka *[f]* - hand
rękawice *[fp]* - gloves
rękawiczka *[f]* - glove
sandały *[mp]* - sandals
serce *[n]* - heart
serwetka *[f]* - napkin
sezon *[m]* - season
siedem *[num]* - seven

siedemdziesiąt *[num]* - seventy
siedemnaście *[num]* - seventeen
siedemset *[num]* - seven hundred
sierpień *[m]* - August
siostra *[f]* - sister
siostrzenica *[f]* - niece
siostrzeniec *[m]* - nephew
skarpetki *[fp]* - socks
skóra *[f]* - skin
sobota *[f]* - Saturday
spódnica *[f]* - skirt
spodnie *[fp]* - trousers
staw *[m]* - joint
sto *[num]* - one hundred
stopa *[f]* - foot
stopy *[fp]* - feet
stół *[m]* - table
strój kąpielowy *[m]* - bathing suit
styczeń *[m]* - January
sufit *[m]* - ceiling
sukienka *[f]* - dress
suszarka *[f]* - drier
sweter *[m]* - jumper
syn *[m]* - son
szafa *[f]* - wardrobe
szafka *[f]* - cabinet
szalik *[m]* - scarf
szary *[adj]* - grey
szczur *[f]* - rat
szczęka *[f]* - jaw
szesnaście *[num]* - sixteen
sześć *[num]* - six
sześćdziesiąt *[num]* - sixty
sześćset *[num]* - six hundred
szklanka *[f]* - glass
szlafrok *[m]* - dressing gown

szuflada *[f]* - drawer
szyja *[f]* - neck
słoń *[m]* - elephant
T-shirt *[f]* - T-shirt
talerz *[m]* - plate
talia *[f]* - waist
tata *[m]* - dad
telefon *[m]* - telephone
telewizor *[m]* - television
tenisówki *[fp]* - running shoes
toaleta *[f]* - loo, toilet
torba *[f]* - bag
torba na śmieci *[f]* - rubbish bag
torebka *[f]* - handbag
toster *[m]* - toaster
trzy *[num]* - three
trzydzieści *[num]* - thirty
trzynaście *[num]* - thirteen
trzysta *[num]* - three hundred
twarz *[f]* - face
tygrys *[m]* - tiger
tysiąc *[num]* - one thousand
tęczówka *[f]* - iris
tętnica *[f]* - artery
ubranie *[n]* - clothes
ucho *[n]* - ear
udo *[n]* - thigh
usta *[f]* - mouth
wanna *[f]* - bath (tub)
warga *[f]* - lip
wazon *[m]* - vase
wiadro *[n]* - pail
widelec *[m]* - fork
wielbłąd *[m]* - camel
wiewiórka *[f]* - squirrel
wilk *[m]* - wolf

wiosna *[f]* - spring
wnuk *[m]* - grandchild
woda *[f]* - water
wrzesień *[m]* - September
wtorek *[m]* - Tuesday
wuj *[m]* - uncle
wyrostek robaczkowy *[m]* - appendix
wąsy *[m]* - moustache
wątroba *[f]* - liver
wąż *[m]* - snake
włosy *[fp]* - hair
zamek błyskawiczny *[m]* - zip
zamrażarka *[f]* - freezer
zasłona *[f]* - curtain
zasłonka od prysznica *[f]* - shower curtain
zebra *[f]* - zebra
zegar *[m]* - clock
zero *[num]* - zero
zielony *[adj]* - green
zima *[f]* - winter
zmywarka *[f]* - dishwasher
zwierzę *[n]* - animal
ząb *[m]* - tooth
zęby *[mp]* - teeth
łokieć *[m]* - elbow
łóżko *[n]* - bed
łyżka *[f]* - spoon
ściana *[f]* - wall
ścięgno *[n]* - tendon
śpiwór *[m]* - sleeping bag
środa *[f]* - Wednesday
świnia *[f]* - pig
żaba *[f]* - frog
żebro *[n]* - rib
żona *[f]* - wife
żółty *[adj]* - yellow

żółw *[m]* - tortoise
żołądek *[m]* - stomach
żyrafa *[f]* - giraffe
żyła *[f]* - vein

About the Author

Erik Zidowecki is a computer programmer and language lover. He is a co-founder of UniLang and founder of Parleremo, both web communities dedicated to helping people learn languages. He is also the Editor in Chief of Parrot Time magazine, a magazine devoted to language, linguistics, culture and the Parleremo community.

About Parleremo Languages

Parleremo is a language learning web site and online community. Free to any who wish to learn about languages and cultures, Parleremo uses a mixture of static and interactive resources as well as peer to peer sharing of knowledge and experience.

We are devoted to providing language materials and resources to people that want to learn and work with a like minded community.

Connect with Me:

Follow me on Twitter:
https://twitter.com/Parleremo
Friend me on Facebook:
https://www.facebook.com/ezidowecki
Join my group on Facebook:
https://www.facebook.com/groups/264839636895941/
Join my site: http://www.parleremo.org/